十二世紀ルネサンス

伊東俊太郎

講談社学術文庫

学術文庫版への序文

本書は、一九九三年に『十二世紀ルネサンス――西欧世界へのアラビア文明の影響』というタイトルで、「岩波セミナーブックス42」として岩波書店より出版された原著を、あらためて講談社の学術文庫に収めたものである。これはいわゆる「十二世紀ルネサンス」とよばれるようになった歴史現象を、アラビア文明との関係において考察したもので、ハスキンズ以後「十二世紀ルネサンス」に関するいくつかの書物が世に出されたが、いまだアラビア世界と西欧世界の文明交流という側面からこれを捉えた類書は存在しないように思われる。その点、依然本書がこれまでの歴史叙述の空隙を埋める役割をもっていると考え、再刊に同意した。近時また西欧とイスラムの関係が大きくクローズアップされているとき、こうした過去の歴史的事実を顧みておくことも、意義があると云えよう。

原著が出版されてすでに十年以上の歳月をけみしている。その間にこの方面の研究も大いに進んだ。それゆえ学術文庫版に新たに収めるに当って、神戸大学国際文化学部の三浦伸夫氏に全体を通読してもらい、とくにギリシア文献のアラビア訳、アラビア文献のラテン訳の表に関しては、最近の研究成果に基づいて補訂をしていただいた。本書が少しでもアップ・

トゥ・デイトなものになっているとすれば、そのお蔭である。もちろんなお不十分な箇所が残っていれば、それはすべて私の責任であることは云うまでもない。解説も寄せて下さった三浦氏のご協力に、心から御礼申し上げる次第である。

学術文庫に収めるに当っては、原著の出版社との交渉をはじめ、すべて講談社学術文庫出版部長林辺光慶氏のお世話になった。記して篤く謝意を表したい。

二〇〇六年六月二〇日

伊東　俊太郎

目次

十二世紀ルネサンス

第一講　十二世紀ルネサンスとは何か

一　はじめに

これから「十二世紀ルネサンス」という題目で、七回にわたり皆様に講義してまいりたいと存じます。「十二世紀ルネサンス」という言葉は、まだ学校の西洋史の教科書にもあらわれておらず、あまり広くゆきわたってはいないかも知れません。日本でもこの問題がとり上げられたのは戦後です。私が岩波講座の『世界歴史10』（一九七〇）に「十二世紀ルネサンスと西ヨーロッパ文明」という論文を書いたときも、まだこの言葉は耳新しかったと思います。ルネサンスといえば、どうしても十四—十五世紀のダンテやレオナルドの時代が想い起され、十二世紀という中世の真只中に、一体「ルネサンス」とはなんなのかという感じをもたれても不思議ではありませんでした。

しかし欧米ではチャールズ・ハスキンズ（Charles H. Haskins）が一九二七年に『十二世紀ルネサンス』（*The Renaissance of the 12th Century*）という書物を著わして、この時代のヨーロッパ史における文化復興の重要な意義を強調して以来、にわかにこの方面の研究も進み、今では十二世紀は西ヨーロッパ文明の礎《いしずえ》をなす、さまざまな文化的基盤が準備された、西欧世界の「離陸の世紀」と考えられるようになりました。たとえばオランダの著名な歴史家ホイジンハ（Johan Huizinga）は『文化史の課題』（*De taak der cultuur-geschiedenis*, 1950. 邦訳、東海大学出版会、一九六五）のなかで「十二世紀は他に例を見ないほど、創造的で造型的な時代であった。普通ルネサンスに数えられる時代よりも、この一一〇〇年から一二〇〇年にいたる時代の方がはるかに多くの目覚めたもの、発展したものを示している。それは明るい調子やより生き生きした拍子に変るメロディとも思われ、また雲の切れ目から輝き出す太陽とも思われる。ここに何よりもまず、ひとつの新しい誕生を語る理由があるように思われる」と言っております。またイギリスの優れた歴史家バラクロー（Geoffrey Barraclough）はその著作『転換期の歴史』（*History in a Changing World*, 1955. 邦訳、社会思想社、一九六四）のなかで、「十二世紀はヨーロッパ史上、もっとも建設的な時代のひとつであった」とし、これを一七八八年から一八一五年にいたるフランスの「市民革命」の時代と比較して、「ヨーロッパの発展の上で、創造的な局面をなしている十二世紀の地位は、重要さにおいてこの時代にきわめてよく似ている。これが一群の歴史家たちの綿密な注意を十二世紀にあつめた理由である」と言い、「これと同じ程度の力をもつ時代は、ヨーロッパ史でも他にほとんどない」とまで断言しております。日本でも故堀米庸三先生が編集された『西欧精神の探究――革新の12世紀』が一九七六年に出版され、やはり十二世紀というヨーロッパの大きな歴史的転換期の重要な諸相が描き出されています。

このように今日では、「十二世紀ルネサンス」は通常のいわゆる「ルネサンス」にもまさるとも劣らない重要なヨーロッパの歴史的転換期として、識者の間で認められるようになりましたが、このことは次第に一般にも受け入れられてゆくだろうと思います。ところで問題はなぜ十二世紀に、このような巨大な転換期をヨーロッパが経験したのかということです。それには後で述べますようにいろいろな原因が考えられますが、この講義で私がとくに強調したいのは、ここで西欧世界がイスラム文明に出会ったという事実です。つまり、それまで閉ざされた地方的一文化圏にすぎなかった西欧世界が、ここではじめて、アラビアの先進的な文明に接し、そこからギリシアやアラビアの進んだ学術・文化をとり入れ、自己の文明形態を一新したということです。ここに「十二世紀ルネサンス」のひとつの核心があると思うのです。

欧米において十二世紀ルネサンスが論じられる場合、この事実が無視されないまでも、なにかこのルネサンスが西欧世界の内部的事件として捉えられている傾きがあります。ハスキンズの『十二世紀ルネサンス』でも、どちらかと言えばラテン文化の復興という方に力点がおかれているように思われますし、ホイジンハにしてもバラクローにしても、さらにもっと最近の研究、ベンソンおよびコンスタブル編の『十二世紀のルネサンスと改新』においても、この巨大な転換期を西欧の内部だけの文化的変動・発展において見ているという感はいなめません。これに対して私は「十二世紀ルネサンス」をイスラムと西欧との「文明遭遇」、前者から後者への「文明移転」として捉えようとするのです。もちろん十二世紀において、西欧がアラビアやビザンティンの学術文化を積極的に移入消化したこと、そして単なる移入消化にはとどまらない西欧独特の文化形態をつくり上げていったことについては、当時の西欧世界にそれをなすだけの体力が養われていたこと、そしてその土壌が自生的に準備されていたことを、私は認めないわけではありません。いな、そのこともきわめて重要だと思うのです。しかしいかにそれをとり容れる体力、それをうけ入れる土壌が西欧自身において準備されていたとしても、イスラムという異質な文明から新しい種子がやってこなければ、それは実を結ばなかったし、花も咲かなかったと思うのです。それはちょうど我が国の幕末から明治にかけての「文明開化」とアナロジカルで、江戸時代の末期から大きな活力が我が国の内部に蓄えられていましたが、やはり西洋文明というものと出会い、これを受け入れなければ、新たな日本の文明形成はついに不可能だったでしょう。

そのような文明間遭遇として「十二世紀ルネサンス」を捉えてみるということが、この講義の一貫したテーマで、それで「西欧世界へのアラビア文明の影響」というサブタイトルをつけました。そこに私の「十二世紀ルネサンス」論のいささかの新味があり、特徴があるかと思いますが、同時にその限界と偏りがあるかも知れません。

しかしとにかく、十二世紀という時代において、西欧世界がイスラム文明というものに出会って、大きな歴史的変革をとげたこと、これはやはりひとつの世界史的な一大事実であり、文明交流史のなかでも、もっとも興味深いもののひとつです。そういう見地から、「十二世紀ルネサンス」をとり上げてお話してみることは有意義だと思います。

最初にまず「十二世紀ルネサンス」の全体像を提示しておきましょう。「十二世紀ルネサンス」といってもいろいろな側面があるわけでして、たとえばローマ法の復活など、法学の面での問題がありますし、またゴシック建築の成立という、建築史的にも大きな事件がありますし、音楽史のうえでもポリフォニー音楽の成立といったような著しい現象がございます。私はそれらを全部カバーすることはできませんので、私が専門としております科学の問題と哲学の問題を中心にして、さらに、文学の問題——これは専門ではありませんけれども、皆様もたいへん興味をもたれることと思いますので、「十二世紀ルネサンス」におけるアラビアとの関係ということで、これも落とさないでやりたい、と思っております。

しかし、いろいろ脱線をして、他の領域のことなどにも話が行ってしまうかもしれませんが、だいたい予定目次にあるような線でお話してゆきたいと思います。それから、ひとつの方針としては、毎回のセミナーのなかで、具体的にテクストを多少、読もうと思います。抽象的なお話だけでは面白くないので、「十二世紀ルネサンス」の具体的雰囲気を知っていただくためにもテクストを少しでも読んでみたらどうか、ということを考えております。これも初めての方にはちょっとしんどい話でしょうが、しかし、こんなふうに読むのだ、ということをやってみるのも十二世紀を肌で感じるにはよいと思います。パレオグラフィ（古文書）には読み書きの約束事がありまして、省略を補ったりして読むのですが、そういう実際のリーディングも少し入れてみたいと思っています。そういうことも今回のセミナーのような小人数の集まりではやってもよいのではないか、と思うわけです。そして話の方も本を書くときのような堅苦しい、肩肘張った仕方ではなくて、まず最初に、私がどうしてこの「十二世紀ルネサンス」というようなものに興味を持ったのか、あるいは、どんなきっかけでそうした研究を始めたのか、そしてそこでどんなことを感じたのか、というような個人的な体験から話を始めることも許されるだろうと思いますので、そんなところから始めたいと思います。

二　十二世紀研究の動機

近代科学から中世科学へ

私のやっているジャンルは科学史と科学哲学と比較文明学ということになるでしょうが、科学史の領域では、みなさまご承知のガリレオ（Galileo）とか、デカルト（Descartes）とか、ニュートン（Newton）とか、ああいう人たちがどのようにして近代科学をつくりあげていったのかという、十七世紀の、いわゆる「科学革命」の研究から入っていったわけです。たとえばガリレオの『新科学論議』(*Discorsi e dimostrazioni matematiche intorno à due nuove scienze*) の成立を調べるとか。ところがそのうちに、十七世紀の近代科学というのは、突如はじまったのではない、それには先駆者がいる、ということがわかったのです。そして驚いたことに、中世にもう先駆者がいたのです。十五―十六世紀どころか、三世紀も前の十四世紀の中世の真只中に、多くの先駆者がいて、ガリレオやデカルト、あるいはコペルニクス (Copernicus) のやったような事の全部ではないにせよ、そのうちの幾つかの重要な概念や法則を先取りしていた、ということがだんだん分ってきたのです。

つまり二十世紀の初頭から中世の科学写本というものが発掘され始めていたわけです。発掘されたといっても、土のなかからではなくて、図書館の隅に埋もれていたとか、あるいは修道院の書庫のなかに眠っていたとかといった形で、中世の科学に関する写本が発見されました。そうした写本というものが研究されるようになって、「慣性の法則」、さらに「落下の法則」――これらはみな十七世紀にガリレオやデカルトが発見したものだといわれていたのですが――、さらには地球の自転を主張する地動説、それから、解析幾何学、こういうものの萌芽が、すでに十四世紀にある、ということが指摘されるようになりました。

フランスのピエール・デュエム (Pierre Duhem) という人がそうした研究を始めたのですけれども、彼は、『レオナルド・ダ・ヴィンチの研究』(*Études sur Léonard da Vinci*) という全三冊の本を一九〇三年から一三年にかけて出します。その中で、レオナルドは、近代科学の先駆者だと言われていたけれども、実はこの十四世紀の中世の理論を書き写しただけなのだ、ということを主張しました。つまりレオナルドが手記のなかで述べている、いろいろな自然学や運動論は、十四世紀ではむしろ常識だった。けれども、それらの写本が我々にとっては埋もれてしまって、レオナルドの手記のほうが早く、十九世紀に出版されました。ところが、二十世紀初頭に中世の写本研究が進みますと、レオナルドの手記に書かれている運動論はみんなそこから引き写しただけであることが分りました。そこでデュエムは、十七世紀にガリレオやデカルト、ニュートンとともに近代科学が始まったのではなくて、十四世紀のスコラ学者とともに始まったのだ、という革命的なテーゼを出したわけです。

これは、当時の常識をまったく破ることでしたから、もうたいへんセンセーショナルなことでした。いまでも、まだこのデュエムの見解というのはそんなに一般化していないかもしれません。我々のような科学史家の間では、もちろん知らない人はいませんけれども、まだ一般の科学史のなかにはなかなか浸透していないと思います。しかしバターフィールド(Herbert Butterfield)の『近代科学の起源』(*The Origins of Modern Science*. 邦訳『近代科学の誕生』〔上下〕、講談社)という本がありまして、これは科学史の非常によい入門書ですけれども、デュエムの見解を入れて、やはり十四世紀から近代科学史を書きだしています。

その後、アンネリーゼ・マイアー（Anneliese Maier）という人が出ます。彼女は『後期スコラの自然哲学研究』（*Studien zur Naturphilosophie der Spätscholastik*）という全五巻の本を、一九四九年から五八年まで、ほぼ十年間かけて公刊しました。デュエムは、近代科学の内容はすでに中世にあったんだということで、何でも中世に持ってゆく傾向があったのですが、マイアーになりますと、そういうところもあるけれども、やはり中世の自然学というのは、近代の自然科学とは違う文脈のなかにあるという違いの方もよく見てとっています。

さらに、マーシャル・クラーゲット（Marshall Clagett）というアメリカの中世科学史の権威が『中世における力学』（*The Science of Mechanics in the Middle Ages*）という本を一九五九年に出版して、そういう中世の科学写本を校訂して活字にし、その英訳をつけて、みながそれを使えるようにしました。マイアーは、中世写本を引用するのですけれども、全然訳もつけないし、デュエムにいたっては、どういう史料を使っているのか、わからないところがあったわけで、中世科学史の原史料がみんなの共通財産になっていなかったわけです。クラーゲットのこの著作において中世科学のかなりの史料が研究者の共通財産となり、中世科学の内容について研究者各自が自分で判断出来るようになったわけです。

私が、科学史を始めたのは、ちょうどそういう中世科学史の研究が頂点に達しているときでした。ですから私も、はじめは、ガリレオなどをやろうと思っていましたけれども、その先駆者が中世の真只中にいるということで、大変興味をもち、そちらの方に研究を移しました。そういう先駆者たちというのは、ジャン・ビュリダン（Jean Buridan）とか、ニコル・オレーム（Nicole Oresme）とか、サクソニアのアルベルト（Albert von Sachsen）とかいう人たちですけれども、こういう人たちの書いたものを読み始めたわけです。それらをクラーゲット先生が刊行してくれたテクストで読むわけですけれども、まだまだ中世の写本はいろいろなところに読まれずに眠っているわけです。そこで私も、出版されたテクストだけではあきたりないので、自分でも埋もれている写本を読んで、新しい研究を拓いてゆきたいという希望を持ちまして、クラーゲット先生に手紙をだしました。そうしたら、幸いなことに、私を先生の助手にして下さったのです。私は、すでに当時東京大学に助手として勤務しておりましたが、ウィスコンシン大学の人文科学研究所に留学することになりました。

そこは当時の中世科学史研究の中心地でした。中世科学史の研究者はみんなここ、クラーゲットのもとに来たわけです。ですから、ハーヴァード大学のマードック（John Murdoch）をはじめ、アメリカの中世科学史研究者は、みんなクラーゲットの弟子かその孫弟子なのです。その中心地に行くことが出来たのは大変幸せでした。そこで二年間クラーゲット先生と一緒に、いろいろな中世の写本を読むことが出来たわけです。

そこで私は、はじめは、近代科学の起源をつくったと言われるようになった、従来名前すら知られていなかった十四世紀のスコラ自然学者たちのやっていたことと近代科学がどういう関係を持つのか、近代科学がどのようにラテン中世のなかに潜在していたといえるのか、これを明るみにだしたい、と思っていたのですが、そのうちにまたひとつ新しいことにぶつかったのです。

西欧とアラビア科学との遭遇

それは、そういう十四世紀の西欧科学が勃興するためには、もうひとつその奥に背景がある、それを可能にした土台があるということなのです。すなわち、さらに二世紀さかのぼった十二世紀に、これまたたいへんなことが西欧世界に起っていた、ということがわかってきたのです。それは、これからずっとお話してゆくアラビア科学との接触・遭遇ということなのです。それが、西欧世界がイスラム文明と接触し、その優れた成果をとり入れ、消化し、その後の知的離陸の地盤を獲得した大変革期、つまり「十二世紀ルネサンス」にほかなりません。

そのときまでは、実は西欧は、ユークリッド（Eukleidēs）も知りません。ユークリッド幾何学を皆様はごぞんじですね。そのユークリッド幾何学の体系も知らない。アルキメデス（Archimēdēs）という有名な科学者のことも知らない。プトレマイオス（Ptolemaios）という、ギリシア最高の天文学者――コペルニクスが出る以前に天動説の数学的体系を精緻に築きあげた天文学者、これも知らない。ヒポクラテス（Hippokratēs）やガレノス

(Galēnos) も知らない。さらには、有名なアリストテレス (Aristotelēs) の著作のほとんども知られていなかったのです。アリストテレスの著作のうち、論理学の『範疇論』(*Categoriae*) と『命題論』(*De interpretatione*) のふたつだけは、ボエティウス (Boethius) がラテン訳してくれていたから知っていましたが、それ以外のもの——ということはアリストテレスの最も重要な書物のほとんどの部分——は知られていなかった。彼の、自然学の書物は全然知られていませんでした。『形而上学』(*Metaphysica*) はもちろんのこと、論理学的な書物でも、重要な『分析論前・後書』(*Analytica priora; Analytica posteriora*) は知られていなかったのです。

我々は、西欧文明というと、ユークリッドやアルキメデスや、アリストテレスくらいは、はじめから知っていた、早くからギリシア科学、ギリシア文明はヨーロッパに入っていただろう、と思いがちなんですね。よくヨーロッパの学者は、ギリシア以来三千年の西欧文明とか言うわけですが、とんでもないことで、そこのところに、実は大きな断絶があるのです。ギリシア科学は、西欧世界ではいったん途絶えてしまいます。途絶えて、ギリシアの科学、ギリシアの学術はどこに行ったのかと言えば、これはみんな東の方、ビザンティン文明圏に行ったのです。九五パーセントがビザンティンに行きました。そして次にそれがアラビアにはいっていったわけです。

ということは、ギリシア学術の一番いいものはローマへ入らなかったのです。ローマへは五パーセントぐらいしか行っていない。ボエティウスがラテン訳した、わずかばかりのギリシア学術の断片、それにプリニウス（Plinius）やイシドルス（Isidorus）によって保存された百科全書的知識のような二流のものしか入らなかったのです。つまりギリシアの本当の学術というものは、ローマ人には理解できなかったのです。だからローマに入らない、したがってまたヨーロッパへも行かない、ということになりますし、それにゲルマン民族の大移動がありましたね。それが落ち着くのもずいぶんと時間がかかり、ローマに入ったわずかばかりのものを保存するだけで大変だったわけです。

そして十二世紀になって、西欧はアラビア、ビザンティンを介して、こういうギリシアの第一級の学術とはじめて出会うわけです。そこでやっと文明の仲間入りをする、と言っていいくらいのもので、それまでは西欧世界は世界文明史のまったくの辺境にうずくまっていたといえます。十二世紀になってはじめて、彼らはアラビア語を一生懸命勉強して、アラビアの科学や哲学の文献をラテン語に翻訳する、またギリシア語からも翻訳する、そういう大運動を起しまして、そこでギリシアやアラビアの進んだ学術の成果をわがものとし、その後の発展の知的基盤を獲得するということになったのです。

この構造は、ちょうど幕末から明治にかけて、日本が西欧の学術をオランダ語や英語から訳して受け入れ、そしてその後の発展の基盤をつくったのとまったく同様で、これは完全にパラレルな現象だと思います。十二世紀に西欧文明というのは、イスラムという異質の文明と血みどろな格闘をして、自分の文明の基盤を確立したということが言えます。

そういうことが、十二世紀の古文書を読んでいるとわかってくるのです。十二世紀のラテン語写本を読みますと、アラビア臭ふんぷんというところです。日本の黒船ショックに相当するような、新しい文明との出会いでありまして、それをなんとか取り入れなければならないということで、当時の知識人が血眼になって、アラビア語を学んで、アラビアの写本があるところに出かけていって、それをラテン訳しました。ちょうど西周とか、福沢諭吉が一生懸命、いろいろな西欧の書物を日本語訳しましたけれども、ああいうことを、これから私が述べるゲラルド（Gherardo Cremonese）とかアデラード（Adelard of Bath）という人たちがやるわけです。

お手元にお配りした写本（図1）は、そのひとつの例です。アデラードは、当時としては非常に進取の気性に富む人で、従来の古いスコラ哲学的な考え方にあきたらずに、アラビアの新しい文明を入れなければヨーロッパはどうにもならない、ということを見抜きまして、自分自身も、シチリアとか、パレスティナを旅して、アラビア語を熱心に勉強しました。この写本は、彼がアラビア語からラテン訳したユークリッドの『原論』（*Elementa*）という本の一節です。これではじめてヨーロッパ人は、ユークリッドの『原論』の全貌を知ることが出来たのです。彼はこの著作十三巻を全部ラテン語に訳し、またその再編集もいたしました。

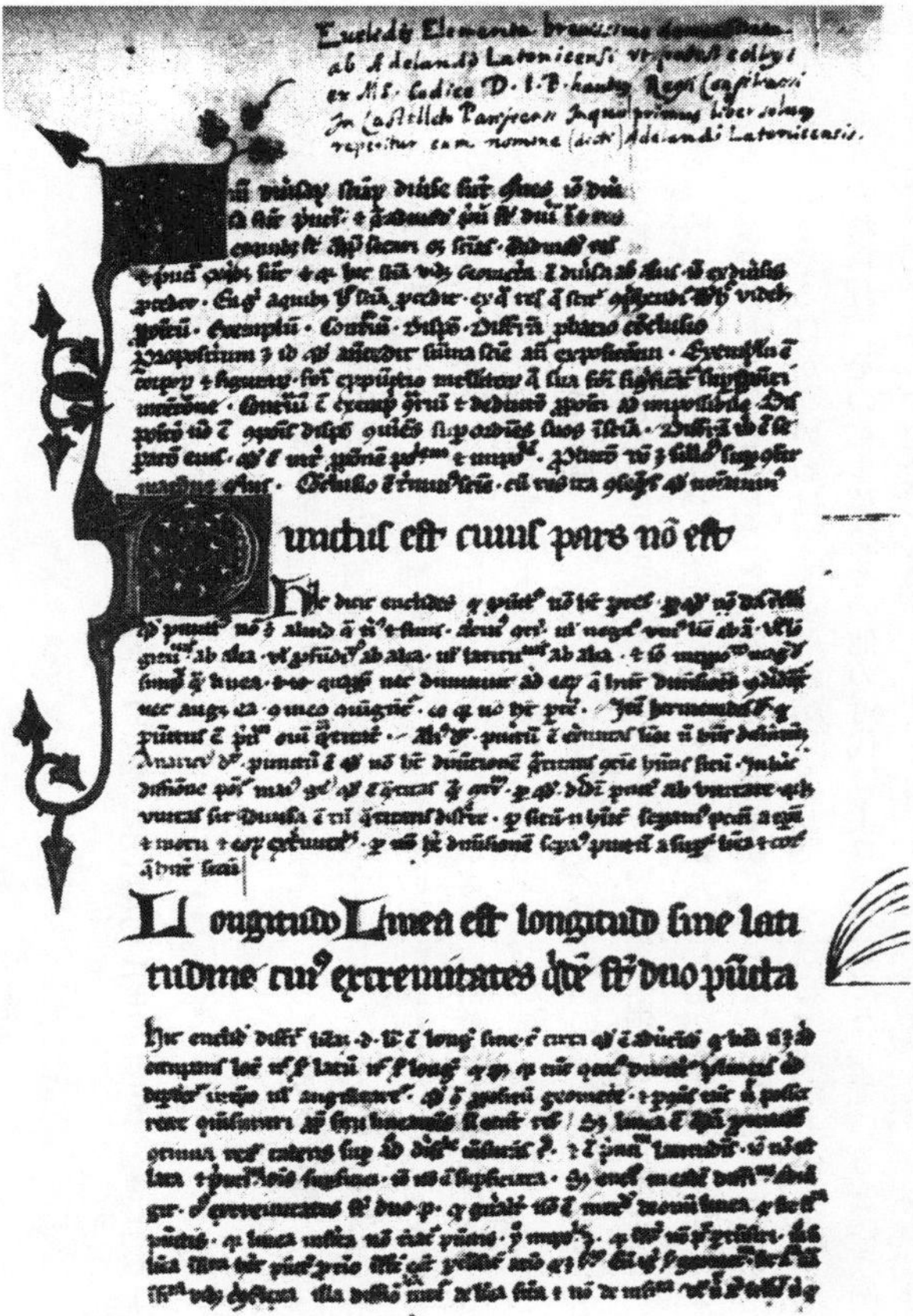

図１　アデラードの『原論』ラテン訳写本　MS Paris, Bibl. Nat. lat. 7215

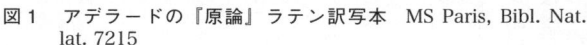

この最初のところは、

Euclidis Elementa brevissime demonstrata ab Adelardo Batoniensi……（「バースのアデラードにより最も簡潔に証明されたユークリッドの『原論』」）

と読めますが、これはアデラードが再編集したものです。こういう写本を読んでゆきますと、アデラードのような当時の進取的な知識人が、極めて新しい高度な刺激に富む異文化に出会って、それを吸収しようとして翻訳して、研究していった情熱がひしひしと伝わってくるのですが、なかにはどういうふうに訳していいかわからない言葉もあるわけで、そういうものはアラビア語のままで音訳するよりほかないわけです。だから、こうした写本を読んでゆくと、ラテン語として全然意味のないようなアラビア語の音訳語——たとえば、helmuhafin（長斜方形）とか helmuaripha など——というのが出てまいります。

それはちょうど日本人が、かつて電気というのがわからないものだから、まず「エレキ」というふうに音を写したのと同じことです。よく意味がわからないときに、最初の応急手当てとしてはこうやるほかないわけです。その結果として、アラビア語がそのままラテン語のなかにとり入れられ、そのまま英語その他の近代ヨーロッパ語になっているという例はたくさんあります。algebra（代数学）などもそうです。al というのは、英語の the と同じアラビア語の定冠詞です。「ジェブラ」のもとのアラビア語「ジャブル」というのは、「形を整えること」を意味し、これは実を言うと、アル＝フワーリズミー（al-Khwārizmī）という人の本の題名の一部なのです。しかし、その学問がどういうものか、よくわからないから、本の題名でとにかくその学問を代表させたということです。その本の名称の一部アル＝ジャブル（al-jabr）がなまって「アルジェブラ」となったわけです。この語にはべつに、代数という意味はないのです。『アルジェブラ』という本のなかでやっている学問が代数ということなのです。alcohol, zero, zenith（天頂）といったような学術語もみなアラビア語がもとになっておりますし、コーヒーやシャーベットなどももとはアラビア語です。ああいう高級なものは当時ヨーロッパの人間は口にしていなかったのです。その頃は、高級なもの、しゃれたもの、ハイカラなものはたいていアラビアのもの、という感じだったのです。

そういう雰囲気のなかで、フリードリッヒ二世のように、ヨーロッパ人の皇帝なのに、アラビアびいきになって、アラビアの服を着、アラビア人をまわりに侍らせて、アラビアの音楽を聞いている、というような人も出てくるわけです。その話はまた別にして、そういうわけで、当時の、クレモナのゲラルドやバースのアデラードに代表されるような進取の気性に富む人たちがスペインのトレードへ行ったり、あるいはシチリアに赴いたりして、アラビア語やギリシア語の写本を、一生懸命に翻訳しました。

彼らは、たんにギリシアの学術がアラビア訳されたのを、ラテン訳するだけではなく、優れたアラビアの学者の著作もたくさんラテン訳しました。アラビアの学術というものも、単なるギリシアの受け売りではないのです。はじめはギリシアのものを受け入れますが、後には、自分たちで独自なものをつくり出してゆきました。アヴィセンナ（Avicenna　アラビア名イブン・スィーナー Ibn Sīnā）とか、アルハーゼン（Alhazen　アラビア名イブヌル＝ハイサム Ibn al-Haytham）とか、アル＝ビールーニー（al-Bīrūnī）とか、みんなそうですし、さきほど申しました代数学のアル＝フワーリズミーや錬金術のジャービル・イブン・ハイヤーン（Jābir ibn Ḥayyān）など、ギリシアにないものを発展させた優れたアラビアの学者の書物もラテン訳されました。

ヨーロッパ人は、アラビアというのはギリシアの学術をヨーロッパに伝えただけの伝達者だ、というふうによく言うのですが、これは正しくありません。実は、ギリシアの学術を消化したうえに、自分たちのものをたくさん付け加えているのです。付け加えるというにとどまらず、アラビア独自の思想が生まれ、随所に花咲くわけです。そういうものもヨーロッパに伝えているわけで、ギリシアのものが伝来して、そこを通り抜けてヨーロッパに流入した通路のようなものでは決してないのです。アラビアは多くの独自なものをつくり出し、それによって西欧文明の形成に大きく貢献しているのです。この点も重要だと思います。

このように十二世紀において、当時の世界文明においてまったくの辺境の地であり、地中海文明の端のほうに寄生しているような存在だった西ヨーロッパが、アラビアとビザンティンを介して、ギリシアとアラビアの学術・文明を受け取り、その後の世界史の中心へと乗り出してゆく知的基盤をはじめてつくり上げることができました。そういう意味で、十二世紀こそ西欧の知的離陸の時代であり、これが他ならぬ「十二世紀ルネサンス」だ、というふうに私は考えるわけです。

十二世紀ルネサンス——移入と創造

「ルネサンス」の意味は、あくまでも語源的に言えば、「再生」ということですから、何かをいちどは受け入れて、それを自分のなかに再生させるということがなければならないと思います。もちろんルネサンスというのは、とりいれるだけでなくて、自分たちの土壌のなかで、新しいものを育ててゆく、単なる受容でないひとつの新しい創造につながってゆく運動であるわけですが、しかし同時に受け入れるという契機のないルネサンスというのは、また意味をなさないと思うのです。なぜこんなことを言うのかといいますと、「十二世紀ルネサンス」を語る人たちが、それがどのような意味で言われるのかをはっきりと定義しないで、十二世紀にヨーロッパは非常に活力があった、いきいきしていた、だからそれを「ルネサンス」と呼ぶのだ、といってすましているきらいがあるけれども、それでは十分ではないと思うからです。やはり何かを受け入れて、それを自分のなかでもう一度再生させてゆく、その再生したものが、もとのものとおよそ似ても似つかぬものになったとしてもです。単なる受容ではなく、自らの土壌の上で新しいものの創造に向ってゆく、この「移入」と「創造」の両方を見なければならないだろうと思います。

いずれにせよ、この「十二世紀ルネサンス」によって西欧世界は根本的に質的変貌を遂げました。西欧中世世界といっても、五世紀くらいから十四世紀くらいまで、ずうっとのっぺりしたものではないわけであって、その間に変化もあり、発展もありました。とりわけ西欧中世世界は、十二世紀によってはっきりと二分され、分水嶺がそこにあります。十二世紀以後は、「暗黒時代」などというのはまったく誤認です。その前の時代は「暗黒時代」と言われても私は、ある程度やむをえない点もあったかと思います。十二世紀以前だって、いろいろな創造的な営みがヨーロッパ世界で行なわれていたのだけれども、他の文明圏と比較して相対的に遅れていた、ということが仮に言えるとしても、十二世紀以後はこれは断じて言えません。十二世紀以後における西欧文明の知的前進は、実に目覚ましいものがあります。

まず十三世紀には、アルベルトゥス・マグヌス（Albertus Magnus）、トマス・アクイナス（Thomas Aquinas）によるスコラ哲学の形成、ということが起ります。これはもう西欧の大きな独創であります。一般にスコラ哲学はアリストテレスとキリスト教とを結びつけたものと言われていますが、そのアリストテレスはどこからきたかといえば、もちろん十二世紀から十三世紀にかけて、はじめはアラビア語から、後にはギリシア原典からラテン訳されたものを受け入れたのです。その後、十三世紀においてアラビア的に解釈されたアリストテレス、すなわちアヴェロエス主義がパリ大学を席巻いたします。こうしたアヴェロエス主義とは異なった方向で、しかもアリストテレスを受け入れてキリスト教神学を革新した人々のなかにトマスがいるわけです。そのトマスは若いとき、さきほどアラビアびいきだといったフリードリッヒ二世が創建したナポリ大学で教育されたのです。ナポリは当時アラビア文明を受け入れる前進基地で、シチリアや北アフリカの方を向いていました。だからトマスも、若いときからアラビアの光に当てられていたと言っていいと思います。彼は『対異教徒大全』(*Summa contra gentiles*)という本を書いていますが、異教徒というのは、もちろんイスラム教徒などのことです。しかし実は、それは一番影響されたものに抵抗しているのではないかという感じがしますね。しかしその刺激を受けつつも、彼はそれを超えてヨーロッパ思想の地盤をつくり上げる独創的な仕事にふみ出したことはまぎれもない事実です。

十三世紀以後の科学

それから十三世紀にはさらにオックスフォードで、グロステスト(Robert Grosseteste)やロジャー・ベイコン(Roger Bacon)という学者が出てくるわけです。彼らも西欧科学の基盤をつくり出すことに大きく貢献しました。

グロステストもユークリッドの幾何学を知っており、この演繹的体系の思想とアリストテレスの『分析論後書』の方法論とを結びつけて、新しい科学方法論を生み出します。彼のユークリッドの知識がアラビア語から訳されたものによっているか、あるいはギリシア語から訳されたものによっているか分りませんが、とにかくラテン訳されたものを使っています。一方、ベイコンは、明らかにアラビア文明の影響を受けています。イブヌル＝ハイサムという、非常に優れた科学者がアラビア世界にいました。ベイコンより二百年くらい前の十一世紀の人です。ベイコンはそのイブヌル＝ハイサムの光学を勉強しました。光の学問というのは、数学を使います。だからある意味で、非常に演繹的な学問です。光は直進するとかといった、幾つかの公理を設けて数学的に構成してゆきます。そして一方においてそれは経験科学でもあります。物理学であって、数学ではないのですから。

ベイコンは、この光学というのをモデルにして、数学的で経験的な科学の方法論というものをつくり出すのです。これは後に、ガリレオの科学方法論にもつながるところがあるのですが、ベイコンは、近代科学の形成につながってゆく、こうした数学的経験科学の方法論を先駆的につくり上げました。これもアラビアのイブヌル＝ハイサムの影響によるところが大きく、それをさらに自分で独自に推し進めていったといってよいでしょう。

それから、十四世紀になると、さきほど触れた、ビュリダン、オレームといった人たちが、インペトゥス（impetus）理論というものをうち出してきます。これはアリストテレスのそれまでの運動の考え方を批判する、新しい運動理論なのですが、それが近代力学のさまざまな原理や概念を先取りしていたというので、彼らはしばしば「ガリレオの先駆者」とよばれるのです。

ところが、このインペトゥス理論というのは、十二世紀にすでにラテン世界に入っているのですが、それ以前にイブン・スィーナー、アブル＝バラカート（Abū al-Baraqāt）などのアラビア学者も、このインペトゥス理論に相当するものを考えていたわけなので、どうもこれもアラビアからの影響があるようです。もちろん、十四世紀のラテン世界のインペトゥス理論はもっと発展してずっと精緻になってきていますが、どうももとの刺激は、アラビアから来ているように思われます。

十五世紀になりますと、いよいよイタリア・ルネサンスの時代です。この段階になりますと、アラビアの影響といってもそんなに顕著ではなくて、西欧はもう自分たちの文明の形式というものを、レオナルドのような人たちが独自につくりあげてゆくのです。

そういうふうにして、ヨーロッパの学術・文化はだんだん自立してゆきます。そういう運動の出発点をつくったのが十二世紀だということになるわけです。ですから、十二世紀はヨーロッパ史の大きな転轍点といいますか、ヨーロッパ文明の軌道が、大きく変った時代である、そしてそれを可能にしたのが、アラビアからの文明移転だ、というふうに言えると思います。

以上申し述べたようなことが、私の「十二世紀ルネサンス」との出会いなのです。私は、それまでは、ヨーロッパというのは、ずっと古い時代から文明の中心だったと思っていたのですが、日本が西洋文明の弟子であったように、ヨーロッパもアラビア文明の弟子であったことがあるということ、そして二百年くらいたって、やっと自分たちの文明を独自につくり出していったのだということを知りまして、大きなショックを受けると同時に、ある種の教訓を得た思いでした。

三　十二世紀ルネサンスへの視角

比較文明史の視点

「十二世紀ルネサンス」という言葉や概念は、最初に申しましたように、もうすでに一九二七年に、アメリカの有名な中世史家ハスキンズの『十二世紀ルネサンス』という本によって、知られていました。この本が「十二世紀ルネサンス」という言葉を最初に用いたわけではありませんが、この概念が多くの人の注目を浴びるようになったのは、疑いもなくこの記念碑的著作によります。

ところで私は、もともとこの本を読んで、十二世紀ルネサンスを知ったのではなくて、むしろ逆で、中世の写本研究をやっているうちに、いま言ったような現象に突き当たったわけであり、そこからひるがえって、この本も読むようになりました。そうしますと私の「十二世紀ルネサンス」はハスキンズのものとは、どうも少し異なってこざるを得ないのです。つまり、私の場合は、「十二世紀ルネサンス」というのは異文明の出会いという問題を離れてはありえないのです。たんに西ヨーロッパ史の枠組みのなかのことではなくて、アラビアやビザンティンや西欧から等距離に立って、それらの間の文明交流、アラビアと西欧、ビザンティンと西欧との交流のなかで、比較文明論的にこれを見てゆくということになります。西欧文明の離陸そのものが、もともと非西欧文明との交流から可能になった、その根源を見よう、ということなのです。それは、さっき言ったように、幕末から明治にかけて西欧文明との交流によって日本が文明的に離陸した、ということとパラレルな現象に見えてくるのです。

こうした比較文明史の立場や見方というものは、「何々中心主義」というものの対極にあります。西欧中心主義といいますか、西欧のことだけを中心にして、そこだけの系譜をたどる、というようなやり方から自由になって、「十二世紀ルネサンス」を、もう少し広い比較文明的な地平から捉えてよいだろう、いやそうあるべきだ、と言いたいわけです。

私たちが西欧の文明史を研究する場合に必ずしも西欧人と同じ立場に立って同じやり方でやる必要はないと思います。西欧の歴史については、西欧人のほうが史料はたくさん持っておりますし、いまは古文書のコピーは、注文すれば我々でも取り寄せられるとはいうものの、やはり現場にいるほうが何かと便利でしょう。そういう利点はあるけれども、また彼らには盲点もあると思います。つまり西欧文明の中に籠っていて見えないということもあるわけですね。対象にあまり慣れ過ぎ、近過ぎて、その現象をもっと広い地平から捉えられなくて、ともすれば自分中心の座標軸で切ってしまう、そしてそのような切り方をしているということにも気が付かないということがあります。つまり比較をおろそかにして、なるべく自分たちの文脈だけでことを片づけよう、ということになってしまう短所もあると思います。これは日本人が日本史の研究をするときも、私は同じ危険はあるだろうと思うのです。その意味で外国人が日本史の研究をすることは、たいへんよいことだと思います。われわれが当然としていることが彼らにとっては当然ではない。当然でないから新しい視角からそれを見つめることができる。そうすると、同じ史料を使っていても、我々がはっとするような新しい見方を提出してくれて、ああそうか、離れて見るとこういうことになるのか、と教えられることがあります。また彼らの日本史研究というのは、はじめから朝鮮や中国を含めて事柄を見ていますね。ところが日本人の日本史研究は、えてして朝鮮や中国のことを問題としないで、日本の中だけで考えてゆく傾向があったし、いまでもそういうことが残っているかもしれません。そして朝鮮から影響を受けた、などということは、なるべく隠してきました。特に戦前の日本では、日本文化が朝鮮から影響受けたなんてとんでもない、というような姿勢が非常に強かったですね。

それと同じように、ヨーロッパの研究者の間には、西欧文明がアラビアから大きな影響を受けたなんてとんでもない、という気持があるように思います。アラビアなんて石油だけの国ではないか、そこの文明からいろいろなものをもらって自分たちの文明の基盤が出来たなどということがあってたまるかという自尊の念がどこか頭の端にあって、それで、そうした事実をひたかくしに隠すか、隠しきれなければ、それを最小限に押さえるとか、過小評価してしまう、あるいはその文脈をそらしてしまうというようなことがあると思うのです。たしかに日本古代史における「朝鮮問題」と西洋中世史における「アラビア問題」というのは似た一面があります。しかし最近ではヨーロッパでも良心的な学者——たとえばサザーン(Richard W. Southern)やモンゴメリ・ワット(W. Montgomery Watt)など——は、こうした問題に率直に眼を向け、研究の重要性を指摘するようになりました。しかしともにそこで指摘されていることは、こうした研究はやっと始まったばかりであること、そのためにはまずヨーロッパ人のいわれなき優越感を克服しなければならないということでした。

しかしまたわれわれは西欧中心主義をとらないように、アラブ中心主義もとらないのであって、アラビア文明の形成と発展も後にみるようにギリシア文明その他との関係からみてゆくわけです。つまり世界のさまざまな文明に等距離に立って、それらの間の関係や交流を比較文明史的に捉えてゆこうとするのです。

一国主義を抜け出し、さまざまな文明に等距離に立って、この間の関係を考察してゆくことは、一国や一文明内だけにとどまっていては明らかにしえないものが、より広い地平で明らかにされてくるという歴史研究の新たな意義が認められるでしょう。日本人のヨーロッパ研究というものは、そういう距離の有利さを生かした比較文明的見地を活用すべきではないでしょうか。そのほうがヨーロッパだけに埋没してしまうよりかえってヨーロッパ人のためにもなると思うのです。もちろん、西洋のことを研究する場合、西洋人と同じ立場で、同じ土俵の上で彼らと競争してみることも、必要でしょう。アメリカでの私の博士論文は、まさにそのようなものでした。それはそれなりの大きな修練になりましたが、そうした方向の研究だけを一生やってゆくという気には、現在の私はなれないのです。

どうも少し口はばったいことをしゃべって恐縮です。しかしこうしたややプライベートな場所なので、この頃思っていることを率直に申し上げました。それでは、そろそろ本題に戻りましょう。

十二世紀ルネサンスの内因と外因

ハスキンズは、さっき申し上げた『十二世紀ルネサンス』の冒頭で、次のように言っております。

この本のタイトルは、多くの人々にあからさまな矛盾を含むもののように見えるだろう。十二世紀のルネサンスだって？　中世は無知と停滞と暗黒の時代であって、それは続くイタリア・ルネサンスの光明と進歩と自由とは極めて鋭い対照をなしているのではないか。人々が、この過ぎ去り行く現世の喜びや美しさや知識に対して何等の関心を持たず、ただ来るべき来世の恐怖だけを見つめていた中世に、いったいどうしてルネサンスがありうるのか。

これは当時の中世に対する常識をそのまま表わしているものですが、ハスキンズはこの常識、いまではむしろ偏見というべきものに大きなノーを言い立てたわけで、世の中世理解に対して大きな衝撃を与えました。さいわいこの本は、野口洋二氏らにより見事な邦語に移されていますので、機会があったら是非読んでいただきたいと思います。

彼はこの書物のなかで、「ギリシア語、アラビア語からの翻訳者たち」に触れ、それらの翻訳による科学や哲学の領域における「ルネサンス」をも取り扱っていますが、むしろ主題はルネサンスのラテン的側面、つまりラテン古典の復興、ラテン語、ラテン詩、ローマ法の復興、ラテン語での歴史記述、などで、カロリング・ルネサンス以来のラテン文化の発展として十二世紀ルネサンスを捉えているおもむきが強い感じがします。

それに対して私のこの講義は、西欧と、イスラムやビザンティンとの文明交流ということにとくに光が当てられることになります。それは、私自身の研究がそういうところから出発したので、どうもそういうところが強調されることになりますが、しかし私の講義では触れられない、さまざまな問題については、どうかハスキンズなどの本で補っていただきたいと思います。

さて、ハスキンズ以来、歴史家により十二世紀の中世ヨーロッパはきわめて高い評価をうるようになり、ホイジンハによれば、通常のルネサンスにも立ちまさる「ひとつの新しい誕生」であり、バラクローによれば、市民革命にも匹敵する「もっとも創造的な時代」であるということになります。

しかし問題は、それではいったい十二世紀におけるこの「ひとつの新しい誕生」を可能にしたものは何だったのか、その「創造の活力の源泉」は何に由来するのかということです。この十二世紀ルネサンスを可能にした原因として、私は内在的なものと外在的なもののふたつを挙げなければならないと思います。

まず当時の西ヨーロッパ世界に内在的な事実を挙げれば、第一に、封建制の確立ということがあります。グレゴリウス改革に発する、国家と教会の分離が結果的には封建国家の確立をもたらし、国力が充実してきます。宗教的・政治的にも安定し、そうした安定した力をもって官僚国家としての近代国民国家への基礎をつくり出してゆきます。このことは、フランス王国やイングランド王国や両シチリア王国についても言えます。そうした安定した国家的秩序の下で、社会も平和で落ち着いてきます。そこで旅行なども安全に出来るようになり、やがて商業などの経済的流通ということも可能になってきます。

第二に、食糧生産の増大ということがあります。九世紀頃から、いわゆる「農業革命」というのが起りまして、「三圃《さんぽ》農法」という、いままでの農地の使い方とはちがった効率的な農法が取り入れられるようになります。また冶金術の発達により、重量犂《すき》がつくられ、それを馬に引かして農耕をやるのですが、それ以前は、馬に鋤を引かせるときに、馬に鋤をつなぐ止め方が、馬の首を締めるような形になっていたのを、繋駕法《けいがほう》を改良して肩に力がかかるようにして牽引能力を非常に高めました。その他の農具の改善や水車の利用などと相まって十二世紀に農業のやり方が根本的に変って、非常に効率のいい農耕が行なわれるようになり、穀物の収穫高が飛躍的に上昇して、経済的に大変豊かになり、その結果人口も非常にふえてくるわけです。こうした農業の技術革新による食糧生産の増大により社会全体が豊かになったことは、十二世紀ルネサンスのさまざまな活力の源になっていると思います。

第三には「商業の復活」ということがあります。中世ヨーロッパの経済は、ほとんど農業に依存しており、とくにイスラムにより地中海世界からしめ出されてからは、そういう状態が続いていたのですが、このような食糧生産の余裕が出てくると、人口のほとんどが農業に投入されなければならないということはなくなるわけで、商人とか職人といった農民以外の人々が十一世紀の末頃から登場してきます。そしてヨーロッパの経済生活は従来の農業中心の生活から、商業生活、さらには手工業の生活にまで拡がってゆきます。それまでは、ヨーロッパ経済は閉鎖的であって、輸出はなくて、ほとんど輸入だったわけです。オリエントなどから、香料とか、絹とかが入ってきて、出てゆくものは奴隷ぐらいでした。ところがこの時代になって、ヨーロッパに毛織物の産業が興ってくる。イタリアのロンバルディアとか、フランドルなどが中心ですが、毛織物を輸出するようになります。そうしたいろいろな手工業品をつくる専門的職人が現われ、それを商う商人がヨーロッパから出かけていって、積極的に商業活動を行なうようになりました。これが西欧世界を豊かにしたのはいうまでもありません。

第四に、これと関連して「都市の勃興」ということがあります。つまり、そうした商人、職人を中心とした都市が城壁をめぐらして、周囲の農村から区別してつくられ、農村とは深い経済的関係をもちながらも、それとは異なった華麗な都市文化をそのなかにつくり上げます。そのあるものは、封建領主から特別な権利を与えられて自由な活動を行なってゆくのです。いまヨーロッパの大きな町を旅行しますと、市の中心部に、マルクトプラッツとよばれる市《いち》の開かれる広場があって、そこに市庁舎と聖堂とがあり、その周りに商人や職人のギルドの建物がずらっと並んでいますね。あのような、商人階層や職人階層を中心とした都市が勃興してきます。

第五に、「大学の成立」というのも、その都市の形成に伴って十二世紀にはじめて起るわけです。大きな都市のなかには、司教座聖堂という、町の中心になるカテドラルができますが、それの付属学校という形で、はじめは大学の萌芽的な形態が出来まして、さらにそれが独立して大学になってゆきます。この大学というのは、封建国家の確立にともなって、はじめはそれを運営する官僚の養成所という意味も持っていたのだろうと思いますが、いろいろな要求から、この都市のなかに大学ができてきて、そこで法学、神学、さらには医学、哲学などが研究され、教授されるようになります。

最後に十二世紀ルネサンスの重要な背景をなすものとして、「知識人の誕生」ということがあるかと思います。ルゴフ（Jacques Le Goff）が言っているような「知識人」というものがここではじめて現われてくるわけです。これはもちろん「都市の勃興」というものと密接に結びついています。十一世紀初頭における中世の階層組織は、聖職者と貴族と農民、この三つにわけられていたと思いますが、十二世紀の段階ではそういう三分法は利きません。ひとつには商人の勃興があり、通商活動が盛んになり、他方では職人のギルド組織も非常にがっちりとつくられるようになります。と同時に、聖職者でもなければ、貴族でもなければ、農民でもない、知識をもっぱら追求する知識人というタイプが、そこにはじめて現われてきます。

たとえばアベラール（Pierre Abélard）、彼はこうした新しい知識人の典型です。彼は必ずしも教会と結び付いているわけではありません。聖職者ではないのです。キリスト教の護教というようなことを離れて、まず知識そのものを純粋に真理のために研究するという態度をとりました。そういう開放的なリベラルな知識愛好家、これが独立してくるのです。この「知識人」がはみ出してしまうと、ゴリアルド族みたいな放浪学生になります。彼らは旅芸人になったり、道化役者になったり、あるいは個人的な家庭教師になったりして、その日しのぎに生きているけれども、知的レベルはかなり高い。そういう連中が社会に対する批判もやるし、恋の歌、酒の歌などを作って唄ったりします。中世という感じでそれを読むと、彼らは、驚くような自由な発想をしています。そういう「知識人の誕生」は十二世紀の注目すべき現象だと思います。事実、後に述べるアデラードやゲラルドのような、十二世紀ルネサンスを推し進めた人々は、こうした知識人だったことに注目しなければなりません。

以上述べてきた封建国家の確立、食糧生産の増大、商業の復活、都市の勃興、大学の成立、知識人の誕生、といったような事態が、十二世紀ルネサンスを可能にした西欧世界に内在する諸原因であると考えられます。しかし私がここで注目したいのは、十二世紀を西ヨーロッパ文明史の転換点たらしめたもうひとつの側面、その外在的要因です。すなわち、十二世紀において西欧がアラビアやビザンティンの文明をとり入れ、それをわがものとすることによって、その後の西欧文明の自立的展開を可能にする知的地盤を築き上げたということです。たとえ今述べたような歴史的条件が西欧世界の内部においてつくり出されていたとしても、この外部からの新しいエネルギーの注入なしには、西欧の世界文明史への離陸はついに可能ではなかったと言わなくてはならないでしょう。さきの西欧に内在的な条件というのは、十二世紀ルネサンスを生み出す土壌をつくったのですが、それには新しい種子が必要だったのです。その種子はアラビアやビザンティンからやってきたわけです。そしてヨーロッパという土壌の中に、とり入れたその外来の学術・文化が静かにそして豊かに育ち、やがて花開くわけです。そしてそれが花開いたときには、すでに西欧独自のものとなって、今度はそれが世界に拡がってゆく、という構造をとることになります。

十二世紀における西欧のアラビアやビザンティンの文明との接触といえば、まさに十字軍が想い起されます。しかし十字軍の運動はもともと宗教的情熱に発するものであって、文化的志向のものではないですから、この野蛮と狂信に奉仕した軍事征服のもつ文化史的意義はあまり大きく評価することはできません。それは東西の交易・運輸を促進しはしましたが、西欧世界に対する知的影響という点ではほとんど見るべきものがないのです。

十二世紀ルネサンスを真にもたらしたものは、こうした宗教的熱狂の結果ではなく、目覚めた知的精神の営為でした。それははじめて西ヨーロッパの狭い枠を超え出て、アラビアやビザンティンの優れた学術に強烈な関心を示し、それを吸収することなくしてはヨーロッパの発展はあり得ないと考え、自らトレードやシチリアやコンスタンティノープルにおもむき、そこの進んだ学術文献を孜々《しし》として翻訳・研究することに生涯を捧げた数少ない知識人たちの努力に負うています。

「十字軍運動」と「十二世紀ルネサンス運動」とは、ともに当時の西ヨーロッパ世界の充実した活力のふたつの方向への表われであると言ってよいかと思いますが、西欧世界のその後の真の発展に対して、どちらが重要な永続的意義をもちえたかと言えば、それは明らかに後者でしょう。十字軍の方は「大山鳴動してネズミ一匹」の感なきにしもあらずですが、十二世紀ルネサンスの方は、その後の西欧文明の基礎を確実につくり上げていったのです。

さて、さきに十二世紀ルネサンスを準備した西欧世界に内在的歴史的条件というものを六つほど挙げました。これらは西欧世界の自律的発展の結果生じたものと一応言ってよろしいかと思いますが、そのなかにはまたアラビアからの間接的影響があったのではないかと思われる点もありますので、それについてちょっと触れておきましょう。

まず「商業の復活」ということですが、これにもアラビアの影響があったのではないか、と私は考えています。商業活動というのは、ご承知のように、ずっと前からアラビア人が行なっていました。イスラムの商人はヨーロッパにいろいろなものを送り込んでいたわけです。地中海貿易によったり、あるいはシルクロードなどを通じて盛んな通商活動を行なっていました。ですから、あのようなやり方があるんだ、ああいう経済の仕方があるんだ、ということをヨーロッパ人は学んで、毛織物という自分たちの独自の商品も出来たので、それを中心として売り込んでゆくようになりました。ヴェネツィアを経由して、ビザンティンのみならずシリアや北アフリカへ交易品をもってゆく。あるいはブリュージュを中心としてイングランドや北海周辺へも足をのばす、というようなことが行なわれたのです。

これと関連して、「都市の勃興」にも、アラビアからの刺激があったのではないでしょうか。なにしろアラビアは都市文化の大先輩だったからです。ヨーロッパが大むね寒村僻地《へきち》であった頃に、ダマスクス、バグダード、チュニス、フスタート、コルドバ、そういうところに、華麗な都市文化が花開いていました。ですから、ヨーロッパの生産力が上がり、経済的な余裕が出てきて、商業活動が盛んになりますと、そういう都市的な文明のパターンをとり入れてゆくというようなことがわりあい簡単に行なわれたのではないでしょうか。やはりここでも、そうしたお手本があり得たのではなかろうか、ということが考えられます。

また「大学の成立」も、ひょっとしたらアラビアから刺激をうけたのではないか、と私は推測しています。大学の先駆形態はもっと前にアラビア世界にありました。一番早いのは、おそらく十世紀にブハラに出来たものでしょう。有名なアラビアの哲学者イブン・スィーナーはそこで学びました。ブハラというのは、ずっと東のほう、いまのトルキスタンあたりですね。そこは当時決して辺境ではなく、文化の中心地でした。そこに最初の大学ができました。大学といっても、回教寺院の付属学校であって、それがやがて大学になってゆくわけです。その前にはサンガとよばれる僧侶たちの修練場のようなものがインドにあり、ブハラの学校はこの影響でできたのではないかと言われています。とにかく、ヨーロッパにおいても聖堂付属の学校というものがあり、それが分離して大学になってゆくのですが、そういうことをイスラムでは一歩先にやっており、大学の成立も、イスラム文明の西漸と関係があるかも知れません。ただこれは定説ではなく、私の推測にすぎず、今後の研究が必要ですが、私はかなり信憑性のある仮説になりうるのではないか、と考えております。

十二世紀ルネサンスの特徴

最後に十二世紀ルネサンスを他のルネサンスと較べて、その特徴を考え、今日の講義を終えましょう。ヨーロッパ史のなかでの「ルネサンス」と称されてきたものが、少なくとも三つあります。「カロリング・ルネサンス」と「十二世紀ルネサンス」と「イタリア・ルネサンス」です。

第一のものは、八世紀後半から九世紀にかけて起ったカロリング朝のルネサンスです。これは六世紀末以降に地中海経由で直接イングランドにキリスト教とともに伝えられたローマの古典文化を、七八二年にシャルルマーニュ（Charlemagne　ドイツ名 Karl der Große）がヨークの修道院長アルクイン（Alcuin）を招聘することによって、移入し開花させた文化運動です。それは主として聖職者の教養を高めるといった教化的・教育的な次元のもので、知的運動としてはあまり程度の高いものではありませんが、ラテン語の純化とか歴史記述とか修道院における教育制度の確立に寄与するところがありました。

第三のものは、皆様がよくごぞんじの十四―十五世紀の、いわゆるルネサンスです。ここにおける古典復興の運動は、いわゆる「人間性の研究」（studia humanitatis）に端を発するもので、これは古典において真の人間性の発露が認識されうるという「人文主義」の理念に基づきます。当初はラテン文学の模倣にはじまりますが、やがてダンテ（Dante）、ペトラルカ（Petrarca）、ボッカッチョ（Boccaccio）などのイタリア俗語文学において、そのすぐれた精華を生み出します。さらに十五世紀に入り、コンスタンティノープルの陥落とともにビザンティンの学者がたくさんイタリア都市に移ってきて、いろいろなギリシア古典の研究が盛んに行なわれるようになります。しかしなんと言ってもこのルネサンスのハイライトは、やはり芸術の領域にあると思います。つまり、古典古代の美を再現しようとして、その実、はるかにそれを超えて、みずからの素晴らしい独創に達した、あのジョット（Giotto di Bondone）からレオナルドを経て、ミケランジェロにいたる美術作品のなかに、その最大の成果があると言ってよいでしょう。

このように、カロリング・ルネサンスが教化的・教育的性格のものであり、イタリア・ルネサンスは、文芸・美術において絶頂を極めたとすれば、その両者の間に立つ十二世紀ルネサンスをすぐれて際立たせているのは、まずその知的な性格であると言ってよいでしょう。つまり哲学、科学、法学などの領域において最も著しい特徴が見られると思います。インテレクチュアル・ヒストリー、すなわち知性史の立場からすると、これは中世における最も重要なルネサンスである、ということができましょう。

カロリング・ルネサンスはイングランドから将来され、イタリア・ルネサンスは、ビザンティンから刺激をうけとったとすれば、十二世紀ルネサンスは、アラビアの影響をもっとも強く受けた、と言ってよいかと思います。

このように見て参りますと、中世というのは実はルネサンスの連続なのです。ふつうは、中世が終わってルネサンスがある、ルネサンスは中世をのりこえて存在すると考えられており、ブルクハルト（Jakob Burckhardt）もそのようにルネサンスを捉えていると思いますが、しかし、私の考えでは、中世とルネサンスとは相反するものではなく、中世を通してルネサンスは、何回もあったのです。大きな波を取れば、カロリング・ルネサンス、十二世紀ルネサンス、そしてその最後のものがイタリア・ルネサンスであるということになります。その前後になおノーサンブリア・ルネサンスやオットー・ルネサンスを入れることもできますが、これは省いてもよいでしょう。

このような見方からすると、イタリア・ルネサンスは中世の否定、中世の刷新というよりも、むしろ中世の最終段階だ、というふうにも言えるわけです。あのホイジンハの『中世の秋』（*Herfsttijd der middeleeuwen*）という書名には「中世の実りのとき」というニュアンスも含んでいると私は思っています。中世の長い伝統が実って、ルネサンスが生まれた、というふうにも考えられるわけです。

そしてこれらの中世におけるルネサンスは、それぞれその後の西欧文明の形成発展に大きく貢献しています。このうち、これまではイタリア・ルネサンスだけがとりわけ大きく扱われてきたと思いますが、本講義では十二世紀ルネサンスの方に光を当ててみよう、そして特にアラビアとの関係を見てみよう、というわけです。

第二講　十二世紀ルネサンスのルートと担い手

一　十二世紀ルネサンスのルート

前回に、十二世紀ルネサンスは、どういう背景のもとに成立しえたか、ということで、「封建制の確立」とか、「食糧生産の増大」とか、「都市の勃興」とか、「商業の復活」とか、「知識人の出現」、というようなことを挙げました。これらは西欧内部において準備された、十二世紀ルネサンスを可能にする要因であり、いわばそのための土壌づくりであったわけですが、そこに種子が蒔かれなければ、十二世紀ルネサンスの実りは出てこないわけで、それが、ビザンティンからのものもありますが、主としてアラビアからの新しい学術の輸入という形で入ってきたと申しました。こういうものを積極的に導入したということは、それ自身、西欧内部におけるひとつの活力の現われでしょう。自分の内部に活力がなければ、他の文明に対する関心も起らないし、またそれを貪欲に取り込もうとする気力も起ってこないでしょう。

十字軍とレコンキスタ

そういう活力が外に向って爆発すると、十字軍というような形になり、それが内に向うと、十二世紀ルネサンスになるということも、前回申しました。このふたつの運動は、同じ時代の西欧の活力を示すものであっても、質的には非常に異なったものであります。十二世紀というと、十字軍がイスラム圏に侵入してイスラム圏と西欧との接触が起り、そしてイスラムのことがいろいろわかって、そういうものを自分たちの文明に取り入れようとしたのではないか、と想像されるかもしれませんけれども、調べてみると、あまりそういう事実はないのです。東へ向った十字軍は「十二世紀ルネサンス」のルートとは、ならなかった。十字軍の行動というのは、もともと異教徒憎しという、宗教的熱狂に発するもので、イスラム圏に学ぼうという気持は全然ないわけです。相手をやっつけて、掠奪し、殺戮し、占領する、というようなことはあっても、相手から文化的影響を受けるというようなことはあまりなかったように思います。

東に向った十字軍に対して、もうひとつ同時に行なわれた西の方の「レコンキスタ」という運動があります。この「レコンキスタ」というのは、再征服運動と言いますけれども、イスラムによってひとたび占領されたイベリア半島を北から徐々にとり返してゆく運動のことです。これも一種の十字軍ではないかと言われればそうなのですが、しかし私はこのふたつ

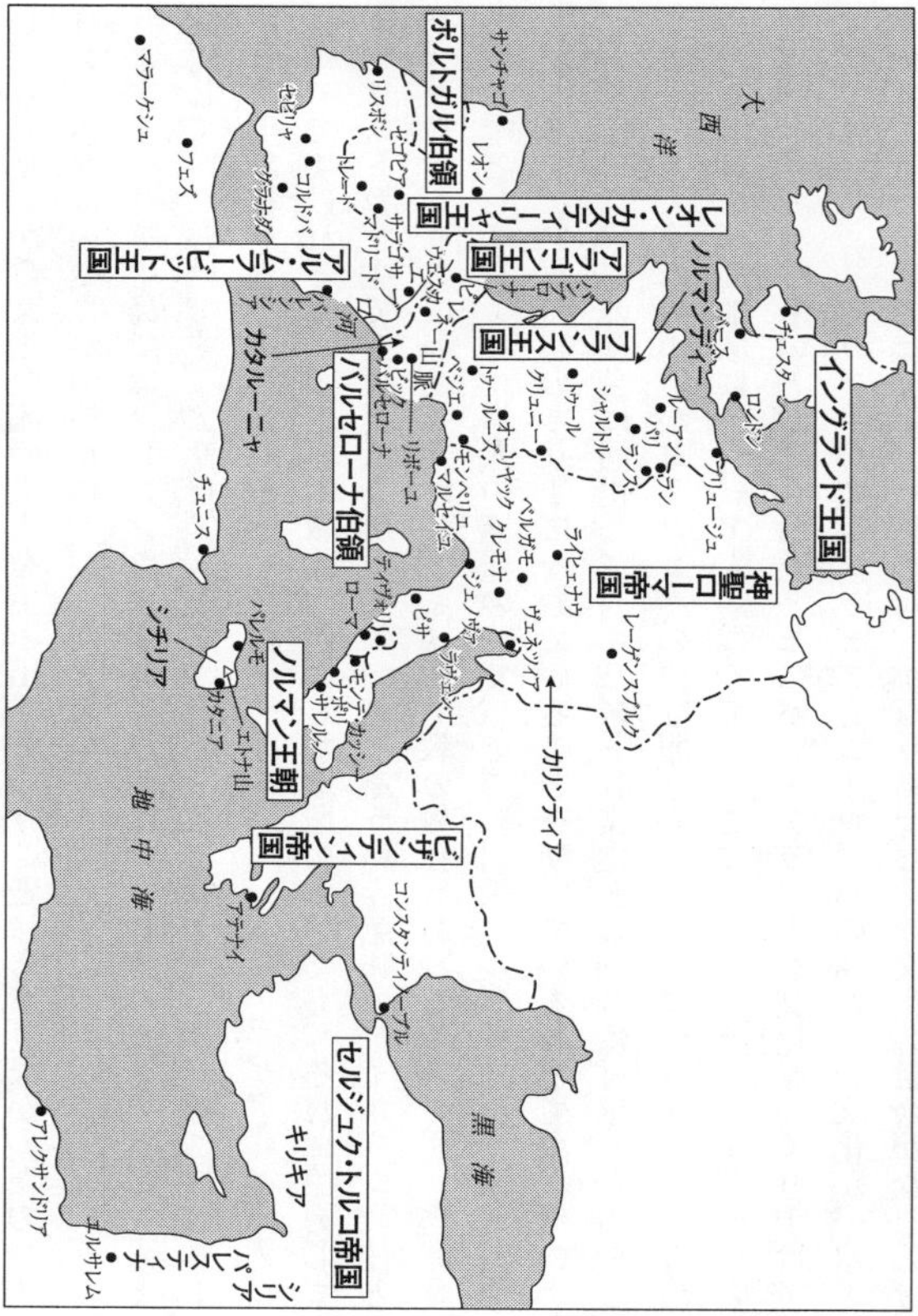

図2　12世紀ルネサンス関係地図

のものは、はっきり区別してみたいと思います。東に向った十字軍は、アラビア文化と接触しても、そこから文化交流の果実を生み出すということはあまりなかったのですが、西のレコンキスタはいささか事情が違っていたと思います。

まずイベリア半島では、レコンキスタ運動以前にヨーロッパ人とアラビア人とが、長い間同居していたわけです。アラビア人がずっと北上して行ったとき、そこにはヨーロッパ人のキリスト教徒も残っていたわけです。彼らは「モサラベ」（アラビア化した人びと）とよばれたのですけれども、イスラム教徒が占領した地域においても、それに協力しました。彼らはキリスト教を捨てる必要はなかったのです。そういう意味ではイスラム教徒とともに、キリスト教徒もそこに存在しえたし、キリスト教の教会もあったわけです。当時コルドバはこの世の宝としてヨーロッパ人の憧憬の的で、そこの司教アルバロはキリスト教徒の若い人たちが、アラビア語の詩のとりこになっていることを嘆いているほどです。そのようにモサラベたちはアラビアの社会に同化して、キリスト教文化との融合に貢献したのでした。

また、イスラムの領地がヨーロッパの再征服運動で後退してゆきますと、今度は再征服されたヨーロッパの地域にアラビア人が残って、そこでまた「ムデーハル芸術」という、アラビアとスペインのものとが結合した、ヒスパノ・アラビック文化をつくり上げてゆくわけです。ですから、イベリア半島ではアラビアとヨーロッパのふたつの文化が、水と油のように分かれていたわけではなく、そこには、かなりハッピーな文化の融合がなしとげられたのであり、東の十字軍下のパレスティナとは様子が大分違うのです。

そもそも十世紀の中頃までは、イスラム征服下のスペインではあまり宗教的対立の意識がなかったのです。自分の親戚には、イスラム教徒もいるしキリスト教徒もいるというような状態が普通だったわけです。それが十世紀の中頃になりますと、スペインにサンチャゴ・デ・コンポステーラという、巡礼の地ができました。サンチャゴつまり聖ヤコブという聖人はキリストの双子の兄弟だという信仰がありまして、その聖地へ行くことによって、自分たちの国土の回復が出来るという信仰が熱狂的に起り、すごい巡礼フィーバーが生ずるのですけれども、その頃からだんだんヨーロッパのキリスト教徒の団結がはじまるわけです。しかしその後でも、たとえば十一世紀に、エル・シッドという有名な英雄が活躍しますが、彼はヨーロッパ人で、アルフォンソ六世に仕えていましたけれども、主君との関係がうまくゆかなくなると、今度はサラゴサのイスラムの王様に仕えるというふうで、アラビアと、ヨーロッパの王様の間を行き来するというような、そういう時代だったのです。

ですから、西のスペインは長い間、アラビアとヨーロッパとのインターフェイス・システムをつくり出し、イスラムとキリスト教徒とは、戦いながらも顔を突き合わせて存在し、協力して独自な文化の発展に寄与したというところがあるのです。

そういうわけで、十二世紀ルネサンスのルートということを問題にしますと、まず第一にあがってくるのがこのスペインです。イベリア半島はそういう状態でしたから、レコンキスタ運動があったにもかかわらず、アラビアとヨーロッパの文化的な交流がいたるところで行なわれました。とくにトレードはその中心でした。しかしここだけが十二世紀ルネサンスの拠点というわけではありません。もうひとつ重要な拠点としてはパレルモを中心としたシチリアがあります。さらに、ヴェネツィア、ピサを中心とする北イタリアもそうです。この三つが、十二世紀ルネサンスの中心的拠点でした。この三地域についてもう少し詳しく見てみたいと思います。

スペイン・ルート

まず第一のスペインですが、この地はさきほど申しましたように、西欧ラテン世界とアラビア世界とが早くから接触したところで、アラビアからラテン世界への文化伝達にとって、まことに好都合な場所だったわけです。

西欧のレコンキスタ運動が功を奏して一〇八五年にトレードがヨーロッパ側に復帰すると、ここはラテン世界におけるアラビア文化の吸収の前進基地となりました。この地の大司教ライムンドゥスはここにアラビア文献をラテン訳する学校をつくり、セゴビアの大助祭であったドミンゴ・グンディサルボ (Domingo Gundisalvo) にその運営をゆだねました。そこではさきほど述べたモサラベや改宗ユダヤ人の協力を得ました。この種の協力者のなかで最も重要な人はセビリャのファン (Juan Servillano) でしょう。しかし、最大の人物で、十二世紀の知的回復運動を代表するのはイタリアからやってきたクレモナのゲラルドです。

その他、当時のヨーロッパ各地の熱心な知識愛好家がピレネーを越えてスペインにやってきて、ギリシアやアラビアの重要な学術文献をアラビア語からラテン訳しました。カリンティアのヘルマン（Hermann von Karinthia）、ティヴォリのプラトーネ（Platone di Tivoli）、チェスターのロバート（Robert of Chester）、ブリュージュのルドルフ（Rudolf de Bruges）という人たちがそれです。

このうちカリンティアのヘルマンは、またダルマティアのヘルマンともいい、スラブ出身で、このあと述べるように尊者ピエール（Pierre le Vénérable）に出会って、そのすすめにより『コーラン』をはじめてラテン訳します。

チェスターのロバートはケットンのロバートとも言い、イギリス人で、やはり尊者ピエールと会って、『コーラン』のもうひとつの訳をつくります。一方が直訳で、こちらは意訳だと言われております。もちろん、いろいろな科学文献の翻訳もやります。

ティヴォリのプラトーネは最も早い時期にスペインにやってきた人だと思われます。しかしスペインの翻訳者のなかで、いちばん重要な人物というのは、クレモナのゲラルドです。彼はプトレマイオスの『アルマゲスト』という、天文学の有名な本——その中味は当時のラテン世界には知られていなかったのです——がスペインにあるということを聞いて、それを読みたくて、矢も盾もたまらずトレードにやってきます。そうしたら『アルマゲスト』どころか、アルキメデスもある、ユークリッドもある、メネラオス（Menelaos）もある、ガレノスもある。そのようなギリシアの一流の科学書がみんなアラビア語に訳されていました。その他、アラビアの有名な科学者の本もあるというわけで、彼はアラビア語をしっかり勉強して、そういうものを七十五種くらい、アラビア語からラテン語に訳したのです。彼はたいへんな翻訳家でありまして、ギリシアやアラビアの第一級の科学の知識が西欧世界に入ったのは、このゲラルドの力によるところが大きいのです。もちろんこれは一人でやったわけではなく、協力者もいたのですけれども、とにかく十二世紀ルネサンスを代表する翻訳の巨人です。

シチリア・ルート

つぎに、シチリアはどうかと申しますと、シチリア島というのはビザンティン帝国領土の一部だったわけですね。だからはじめからビザンティンのギリシア文化がここに移植されていたのですが、それが八七八年以来、イスラムの領土になり、そして一〇六〇年以降はノルマンによって征服されたという事情によって、そこはギリシア、アラビア、ラテンの三文化の交流にきわめて適していたわけです。ノルマンというのは皆様ご承知のヴァイキングの一種でして、それ以前にフランスのノルマンディーに移って、そこですでにキリスト教化され、ラテン文化をうけ入れていたのですが、次いでシチリア島にも侵入し、南イタリアとシチリアを統合して、ノルマンの両シチリア王国をつくります。

このシチリアのノルマン王朝というのは非常に面白い王朝で、自分はヴァイキングで、そんなに高い文化を持っていなかったのですけれども、現地の文化を非常に大事にしました。そこには、ビザンティンの人たちもいれば、アラビア人もおり、ヨーロッパ人もいる。そういう人たちを区別しないで、それぞれが自分たちの文化を持ちながら協力してやってゆくことを許したというか、むしろ奨励したのです。だから、ギリシア語とアラビア語とラテン語の三つが等しく公用語として認められていたのです。いまノルマン宮殿というのがパレルモに残っていますが、そこを訪ねますと、その頃の王の布告が壁に張り付けてあるのですが、それはギリシア語、アラビア語、ラテン語の三つの言葉で書いてあります。

そういうことで、そこでは、ギリシア、ラテン、アラビア、その三種の文化に属した人たちが、平和裡に共同生活をすることができました。こうしたシチリアのコスモポリタン的雰囲気はこれらの文化の相互交渉に有利な条件をつくっていましたが、さらにノルマンの歴代君主の文化愛好もこれに拍車をかけました。特にロジェール二世の宮廷では有能な人材が言語や宗教にかかわりなく、ヨーロッパ各地から求められました。イギリス人セルビーのロバート（Robert of Selby）がそこの宰相となり、ビザンティンの人ニロス・ドクソパトレス（Nilos Doxopatres）が五総主教区の歴史を書き、アラビア人イドリースィー（al-Idrīsī）が有名な世界地図をそこで編むといった具合です。その後継者ギヨーム一世の下ではそこで宰相をつとめたヘンリクス・アリスティップス（Henricus Aristippus）や「エミール」とよばれたパレルモのエウゲニウス（Eugenius）のような、この王朝の高官がギリシアの科学や哲学の重要な書物をギリシア語やアラビア語からラテン訳しました。

ところで、このシチリアの翻訳者のなかで最も重要な人物は、サレルノからやってきた一学究でしょう。彼はイタリアで医学を勉強していたのですが、プトレマイオスの『アルマゲスト』のギリシア語写本がビザンティンからシチリアにもたらされたというのを聞きつけまして、自分が行ってそれを研究したいというわけで、ときの宰相で文化人であったアリスティップスをたずねて、カタニアで彼に会うことができ、彼からその写本を借りるわけです。その頃はエトナ火山が噴火していましたが、アリスティップスは政治の要職についていて忙しかったのですけれども、やはりこの噴火が気になるとみえて、カタニアでこれについて調べていたのですが、そこで、このサレルノの学究に会い、その熱意に動かされて『アルマゲスト』その他の写本を貸してやるのですね。それに基づいて彼はプトレマイオスだけでなく、ユークリッドの書物その他を、ギリシア語から直接ラテン訳します。これは実は私の博士論文のテーマなので、第六講「シチリアにおける科学ルネサンス」のところでゆっくりお話することにします。

北イタリア・ルート

第三の、ヴェネツィア、ピサを中心とする北イタリアではどうかというと、ここにはシチリアのようにアラビア語やギリシア語を話す人もなく、スペインのようにイスラム圏と直接接触していたということもないのですけれども、ヴェネツィアとかピサの商人は、東ローマ帝国のコンスタンティノープルと密接な通商関係を保っており、いまでもイスタンブールに行くと、ヴェネツィア商人の居住地だったというところが残っていますが、そこに自らの商業地区を持ってビザンティンの宮廷に出入りし、そこに保存されているギリシア文化と接触しました。このような通商的な結びつきのほかに、またいろいろな外交使節がコンスタンティノープルに送られ、――このことはとくにコムネノス朝のマヌエル一世のときに頻繁となりましたが、――それがまたギリシア文化を西に伝える役割を果たしました。

ここにおける文化伝達の最も重要な人物はヴェネツィアのジャコモ（Giacomo Veneziano）でしょう。この人は、アリストテレスの『分析論前書』『分析論後書』『トピカ』（*Topica*）『詭弁論駁』（*De sophisticis elenchis*）などをラテン訳し、それに注釈をほどこしましたが、これで西欧世界ははじめてアリストテレスの論理学の全貌がわかったのです。それまでは、ボエティウスがラテン訳した、『範疇論』と『命題論』という、ほんのわずかな入門の部分、いわゆる「旧論理学」だけしか知られていませんでした。そういう入門的部分をもとにして、その枠内で哲学の議論をやっていたわけですね。そこにアリストテレスの論理学のなかで最も重要な『分析論前書』『分析論後書』を中心とするいわゆる「新論理学」が入ってきましたから、そこから彼らの学問的議論というのは、もっと大きな広がりをもち精緻にもなるわけです。この旧論理学に対する新論理学は急速に西欧世界に拡がって、思想的に大きな影響を及ぼすことになります。さらに北イタリアにはピサのブルグンディオ（Burgundio Pisano）やベルガモのモーゼス（Moses da Bergamo）という人たちがいますが、ここでは翻訳はアラビア語からではなく、すべてギリシア語からなされます。

以上が、十二世紀ルネサンスを可能にしたルートと翻訳者の展望ですが、今日はそのなかでまだ触れていない二人の人物にやや詳しく光を当ててみたいと思います。その二人とは尊者ピエールとバースのアデラードで、彼らは当時それぞれ違った仕方で、ヨーロッパとアラビアの接点に立った、十二世紀ルネサンスの最も興味深い人物と言えましょう。

二　先駆者（一）　尊者ピエール

尊者ピエールは、ラテン名でペトルス・ウェネラービリス（Petrus Venerabilis）、フランス語ではピエール・ル・ヴェネラブル（Pierre le Vénérable）と表記されます。「ウェネラービリス」というのは、一種の称号のようなもので、ふつう「尊者」と訳されます。セイント（聖者）の次の「福者」につぐ位ですね。この人は一〇九四年頃から一一五六年まで生きた人ですが、「西欧とイスラム」というテーマにとって非常に注目すべき人だと思うのです。

彼はフランス人で、ベネディクト修道会士ですが、二十八歳の若さでクリュニー修道院の院長をつとめました。いままで挙げてきた翻訳者のなかには、そんな位の高い人はいません。彼らは向学の念に燃えた知識人ではありましたけれども、金持でもなければ、貴族でもないし、カトリック教会のなかの上級聖職者でもないわけですが、尊者ピエールは、クリュニーの修道院長で、聖職者としては当時最も影響力のある一人でした。十二世紀は非常に修道院が栄えた時代ですけれども、そのなかでも、ふたつの活動の中心があって、ひとつはクリュニー派、もうひとつはシトー派です。この二派に、当時非常にたくさんの修道院が属していました。クリュニー派の修道院は六百ほどあり、そこに一万人の黒衣の修道僧がおり、その頂点に立っていたのがクリュニー修道院です。

図３　尊者ピエール

これに対してシトー派の修道僧は白衣を着て、クリュニー派に対峙していました。この派の指導者は、有名なクレルヴォーのベルナール（Bernard de Clairvaux）という人で、この人は第二回十字軍を提唱したことでよく知られています。彼はたいへん演説のうまい人で、十字軍を起すべしとアジったわけです。尊者ピエールとベルナールはイスラムに対する態度も非常に対蹠《たいせき》的なのですが、また互いに尊敬し合っていたところもあったようです。個人的なことを申しますと、私はピエールのほうが好きなのです。ベルナールも当時の大立物ですが、どこか狭量で、ヨーロッパのことだけしか考えていないところがある。しかしピエールの方はもっと広い視野に立っていたというように思われるのです。

イスラムの理解へ

さて、十二世紀以前の西欧においては、イスラムについてまったくといってよいほど知識を欠いていました。カール大帝（シャルルマーニュ）の時代、つまり九世紀から西欧はイスラム世界と戦っているわけです。しかし、そのイスラムについてヨーロッパ人は、軍事面での敵だとしか認識せずに、イスラムとは一体何なのか深く知ろうとはせず、その本質というものを考えようとしなかったのです。

中世の叙事詩『ローランの歌』(*La Chanson de Roland*) というのは、カール大帝がイスラムと戦った物語であって、第七講の「ロマンティック・ラブの成立」というところで再びとり上げますが、この十一世紀に出来上がった叙事詩のなかで、イスラム教がどのように捉えられているかというと、まず多神教としてなのです。ムハンマド (Muhammad マホメット) もその神様のひとりであり、その他にアポロンとか、テルヴァガンとか、いろいろな神様がいて、そのパンテオンを崇拝する多神教だということで、ムハンマドとアッラーの神の区別もない。たいへん粗雑な誤解をしているわけです。

ビザンティンのほうでも、すでに九世紀に、テオファネスという人が『クロノグラフィア』(*Chronographia*) という本を書いて、多少イスラム教のことを論じているのですが、これも不正確なものです。

そういう無知と迷妄のなかにあって、この尊者ピエールは、とにかく、異教徒憎しとかそれを撲滅せよというのではなくて、イスラムそのものを、正しく認識しなければならないということを最初に主張した人です。そのためにはそれをよく研究してみなければならないと考え、「トレード集成」(*Collectio Toletana*) という、イスラム文献の翻訳集をつくることを企画して実践するわけです。

さて尊者ピエールは一一四二年、四十八歳のころにクリュニーからスペインに赴きます。何の目的で行ったかというのはよくわからないのですけれども、スペインにおけるクリュニー派の修道院を訪ねるとか、あるいは自らサンチャゴ・デ・コンポステーラへの巡礼を行なおうとしたとか、いろいろのことが考えられますが、実際にはクリュニー派の財政問題を解決するためにカスティーリャ王アルフォンソ七世に呼ばれて行ったというのが真相のようです。しかしこの招待に、このように敏速に応じたというのは、彼の心のなかにきざしていたイスラムの実態を、この際現地の近くで知りたいという欲求があったからだと思われます。

この旅行の途上、エブロ河畔で――多分ナーヘラの町と思われますが――イスラムのことを研究しているヨーロッパの同胞に出会うわけです。

その一人は、前回にも触れた、アル＝フワーリズミーの『代数学』をラテン訳しているチエスターのロバート、もう一人はユークリッドの『原論』をアラビア訳からラテン訳しているカリンティアのヘルマンです。尊者ピエールはこの二人に相当の報酬を払って『コーラン』をラテン訳させます。またトレードのペドロという、イスラムについてのアラビア語文献に詳しいキリスト教徒に依頼して、さまざまな史料に依ってムハンマドの生涯やイスラムの教義についてのラテン語の書物をつくらせます。この際ムハンマドというサラセン人（イスラム教徒）をもペドロの協力者につけて、その翻訳の内容の正確を期しているのは、良心的な態度であると言えましょう。さらにこのトレードのペドロはアラビア語ほどにはラテン語ができなかったので、ラテン語のチェックのために、もう一人ポアチエのピエールを助手につけています。この五人の協力によって当時のイスラム百科ともいうべきラテン語の「トレード集成」ができ上がるわけですが、それは序文的な『翻訳についての書簡』(*Epistola de translatione sua*)『サラセン人の物語』(*Fabulae Saracenorum*)『ムハンマドの系譜と生い立ち』(*Liber generationis Mahumet et nutritia eius*)『ムハンマドの教義』(*Doctrina Mahumet*)『コーラン』『サラセン人とキリスト教徒の書簡』(*Epistola Saraceni et Rescriptum Christiani ad Saracenum*) からなっています。

これが当時のヨーロッパ人のイスラム理解にとって非常に重要な資料になるわけです。ここではじめてヨーロッパのイスラム像というものがかなりはっきりしたものになり、それへの対応も的はずれなものではなくなるわけです。十二世紀におけるこのイスラムとキリスト教ヨーロッパの、ふたつの文明の出会いにおいて、尊者ピエールが指導してなしとげた仕事の意味は、非常に大きいと思います。

しかし尊者ピエールは、この「トレード集成」を完成させただけではなく、これが大部で多岐にわたり、一般の人に分りにくいところもあるので、この要約を書くことを決意し、さらに、このイスラム理解に基づいてキリスト教の立場からこの異教に論駁する書物も著わしました。それが『サラセン異端大全』(*Summa totius haeresis Saracenorum*) と『サラセン人の異端論駁』(*Liber contra sectam sive haeresim Saracenorum*) です。もっとも後者の論駁の方は、すでに述べた友人のクレルヴォーのベルナールに、「トレード集成」のなかの論文を送って書いてもらおうとしたのですが、当時、第二次十字軍の運動に奔走していたベルナールに断わられたらしく、結果として自分が書くことになりました。なぜベルナールに書いてもらおうとしたのでしょうか。表向きは彼こそがこれを書くのに最適の人であるということなのですが、しかし裏から見ると、彼はベルナールにイスラムというものをもっと正確に知ってもらいたかったのではないでしょうか。

とにかく、ここではじめてヨーロッパ知識人のイスラムの認識と、またこれに対する対決ということが、かなり正確な認識の下に行なわれるようになったわけです。あいまいな知識で、ただやっつければよいとか、誤解に基づいて的はずれな敵愾心をもつのではなくて、『コーラン』やイスラムの教義を当時としてできるだけ客観的に研究し、なおかつその上で自分たちのキリスト教の立場でそれに対決してゆく、ということが、ここではじめて自覚的に行なわれるようになったのです。

尊者ピエールのイスラム認識

それでは、このふたつの書物を通じて、イスラムは一体どのように認識されたのでしょうか。まず『大全』の方から言うと、ここでは長く混同されていたアッラーの神とムハンマドははっきりと区別され、イスラムがキリスト教と同様の一神教であることが、はじめて確認されたと言えるでしょう。しかしキリスト教とイスラムの間には、基本的な違いがある、と主張されます。第一にイスラムは「三位一体」ということを認めない。神と聖霊とイエス・キリストが三つでありながらひとつであるというその三位一体の考えを否定している。したがって神についての真理がわかっていない、というのです。「三位一体」というのは、どうなのでしょう。私なども、キリスト教神学のなかで、これが一番わかりにくい。どうして父と子と聖霊が一体になっているのか、特に父と息子がひとつになったりするのか、一番わかりにくい。だから、キリストを神ではなく預言者であるとするイスラムの考えのほうが筋が通るのではないかなどと思ってしまうのですが。

第二には、イスラムによると、性的な交わりなしに子供が出来るということはないから、神というのはキリストの父ではないし、キリストは神の子ではない。父とか子というときには、性的交わりがあったはずだ。しかし神はそういうことはしないのであって、唯一なる神は「生みもしなかったし、生まれもしなかった」。アッラーの神というのは、実のところ男性でもなく、女性でもない。そういうものを超越しているのですね。イスラムの立場からは、この唯一の創造の神は父なんかではない。だからキリストも神の子ではない。それではキリストは何かというと、やはりそれは預言者なんですね。預言者の一人としては、ムスリムの間でキリストは高く評価されているのです。けれどもそれ自身が神だとか、神の子だとか言うのは間違いだという立場です。ムハンマドは、自らのことを、神の使者、預言者、すなわち神の言葉を預かって、それを人々に伝えるものであって、神なんかではない、と言っているわけです。

私などのような第三者の立場からみると、やはりキリストは人間で、預言者であった、そして神を信じて立派に預言者の使命を果たした、と言ってくれたほうがわかりやすいですね。イスラム教では、最初にイスラエルの預言者たちがあり、それからキリストという預言者が出て、最後にムハンマドが最後の預言者として現われた、ということになるわけです。したがって一神教を信じること、それから終末や最後の審判を認めることなどの、多くの神学的前提は、ユダヤ教とキリスト教とイスラム教に共通なわけで、イスラム教徒は、キリスト教徒やユダヤ教徒を仲間だと思っていたわけですね。それらはみな「啓典の民」（アフル＝ル・キターブ）である、つまり正しい宗教の書物を持っている人々であるということで、ある種の同志意識をもっていたのです。実際、イスラムの拡大にともなって、さまざまな地域がその領域下に入ると、ユダヤ人はそこでユダヤ教を信じていてよかったし、キリスト教徒も自分たちの宗教を信じていてよかった。宗教的に仲間だという気持がイスラムにはあるわけです。右手に剣、左手にコーランをもって改宗を迫ったというのはうそですね。事実、ユダヤ教徒もキリスト教徒もイスラム圏で活躍しています。しかしそのために税金を払うということはありましたが。

さらにまたイスラムでは「受肉」とか「秘蹟」（サクラメント）を認めません。たとえば、葡萄酒がキリストの血で、パンがキリストの肉で、それを食べるとキリストと一体になるとか、幾つかの秘蹟がありますね。そういうものを認めないわけです。奇蹟もイスラムでは認めない。ムハンマドは奇蹟は全然行なっていません。その点を尊者ピエールはとらえて、自分は預言者だと言っているけれども、奇蹟ひとつ行なえないではないか、本当の預言者だったら、奇蹟を行なうことができるだろうし、それから、未来のことも予知できるだろう。ところが、ムハンマドはウフドの戦いで負けてしまう。勝つと思っていた戦いに負けてしまう。それも予知できなかった。ムハンマドは偽預言者だ、というふうに言うわけです。

それからもうひとつ、天国というものをどういうふうに考えるか、ということです。キリスト教では、天国は、「コリント人への手紙」にもあるように、「目がこれを見ず、耳もこれを聞かず、人の心にものぼらない」――つまり、この世的なものではない、神聖な天使的な世界です。ところが『コーラン』のなかで描かれている天国というのは、肉やいろいろな果物を食べることができ、ミルクと蜜ときらめく小川の水が流れ、美女に抱擁される――そんなたいへん楽しいところだという、非常に現世的なイメージなのです。これを尊者ピエールは批判して、宗教がこの世のものに誘惑されていて、本当のものではないと言うわけです。

ムハンマドはヘラクレイオス帝のとき、つまりそのときから五百五十年くらい前に生まれたと言われているが、これはだいたい正しい。どうして彼がこういうイスラムという宗教をつくったかというと、彼は王様になりたかったんだけれども、あまり出自も良くないし、まともにやったのではだめなので、宗教のベールを被って、ユダヤ人のラビや、異端者――というのは異端キリスト教のネストリオス派のことでしょうが――に接触してユダヤ教やキリスト教のことを教わり、そして天使ガブリエルに啓示されたと言って『コーラン』をつくり、偽りの教えをひろげた、というわけです。

そして、そのイスラム教では、五人まで妻をもってよいことになっているのは、性的に非常にふしだらであるということで、このへんからずっと、イスラムというと、性的に放縦であるというイメージができ上がり、これが『アラビアン・ナイト』などに対するイメージとも重なるのですが、しかし五人まで奥さんを持っていいというのは、ムハンマドの時代は、戦争で多くの男が死亡し、その未亡人を救済するという意味もあったし、しかも五人とも平等に幸せにしなければならないとかいう、幾つかの制限がついているので、勝手気儘にはできないのです。普通のイスラム教徒はとても五人も持てません。

しかしとにかく、こういうふうにイスラムに対して、相手を真剣に研究して、それをかなり正確に認識し、まだ多少の誤解は残っているとしても、それにまともにぶつかってゆこうという試みが出たことは、注目すべきことと言わねばなりません。のみならず、とくに私はここで尊者ピエールがイスラム教徒に対して取った態度に注目したいと思います。この態度はむしろ『論駁』の方によく出ています。たとえば、その書き出しは、「ペトルス・ウェネラービリスはイスラム教徒への愛から、この書を始める」とあり、ついで、「我々の仲間がしばしばなしているように、武器によってではなく言葉によって、力によってではなく理性によって、憎しみによってではなく愛によって、私はあなたがたに語りかける」(Aggredior vos, non, ut nostri saepe faciunt, armis, sed verbis, non vi, sed ratione, non odio, sed amore.) と言っています。これは直接イスラム教徒にあてて言っている言葉です。

『大全』の方は、キリスト教徒の理解のために書いたのですが、『論駁』の方はイスラム教徒のために、アラビア語に翻訳されることを期待して書いたわけですね。あなた方はイスラムを信じているが、しかし、それは間違っていると自分は思う。それに関して論争をしたいと思うが、それを「武器によってではなく言葉によって、力によってではなく理性によって、憎しみによってではなく愛によって、あなたがたに語りかける」と言っているわけです。「我々の仲間がしばしばなしているように、武器によってではなく」といった表現は、十字軍の、あの戦闘的な、ただ異教徒憎しといって、それを力によって撲滅しようとする、そういう運動に対して、彼は本当のところネガティヴで、どうも受け入れられなかったことを示唆しているのではないでしょうか。そして、イスラム教徒に対して、言葉、理性、愛というものによって橋をかけようとしていたのではないかと思うのです。

そういうところに私は、尊者ピエールの開かれた意識を見るわけですが、この尊者ピエールについてはいろいろな人が研究しております。彼も十字軍には実は賛成だった、なぜならクレルヴォーのベルナールとエウゲニウス三世が、第二回十字軍について相談をするための会議を召集したとき、これにも、ちゃんと尊者ピエールは参加しているわけだから、彼は十字軍に賛成だったのだ、ということを言う人もおります。しかし尊者ピエールという人は、非常に柔和なジェントルマンで、なにがなんでも異を唱えるというような人ではなくて、自分はキリスト教徒として、クリュニー修道院の院長として責任ある立場であるということから、あからさまに反対はしなかったけれど、心の底では、そういう運動に対して批判的であったのではないかと私は推測しています。

もちろん彼はキリスト教徒として、確かにイスラムを論破しなければならないということはあったわけです。それに理論的に打ち克つことによって、当時のキリスト教をまもろうとした。この点はいささかも疑う余地はありません。しかし、彼は、偏狭なエスノセントリズム（自文化中心主義）というものを離れて、もっと自由な開かれた目をもってイスラムに臨んだわけで、十二世紀という十字軍の狂気と喧噪のなかにあってそうしたことは非常に意味があると思います。

『論駁』のなかにこういう言葉もあります。

狂暴にではなく平和に、狂気によってではなく理性によって、敵意によってではなく平静に。(cum pace tamen, ut supra dixit, non cum furore; cum ratione non cum insania; cum aequitate non cum iniquitate.)

これなどもそうした気持の表われだろうと思います。平和的手段、すなわち理性による論争によって、イスラム教徒を改宗させ、彼らと共存してゆくことが尊者ピエールの希望だったのではないでしょうか。彼は「マタイによる福音書」二十六章五十二節の言葉「汝の剣を鞘に納めよ。すべて剣を取るものは剣に滅びる」をよく引用しますが、これなどもやはり、十字軍の軍事的行動に対して批判的で、むしろいら立っていることを示しているのではないか、と私には思えるのです。

尊者ピエールという人は、十二世紀において西欧とイスラムの間に立っていた、最も善意ある良識に富むキリスト教聖職者として注目されてよいでしょう。

一方で、彼はイスラム教徒を改宗させようとしたのだけれども、イスラムというのは、なかなかしたたかな敵であって、そんなに簡単に自分になびかないということも見てとったようで、こんな言葉もあるのです。

たとえイスラム教徒がこれによって（つまり自分たちが、このような本を書くことによって）、改宗されないとしても、些細なことですぐ憤慨するラテン・キリスト教徒のあわれな同胞を、学識ある者が支援することは、すくなくとも間違ったことではあるまい。

これは非常な皮肉ではないでしょうか。つまり、狂熱的な、事実を知らないで、わいわいとさわぎ立てているいい気な連中、それに対する痛烈な皮肉と読めるのではないか、とすら思えるのです。

尊者ピエールについてはこのくらいにしておきまして、十二世紀ルネサンスのもう一人の重要な人物、バースのアデラードの方に移りましょう。

三　先駆者（二）　バースのアデラード

彼は、英語名でバースのアデラード（Adelard of Bath）、ラテン名ではアデラルドゥス・バトニエンシス（Adelardus Bathoniensis）と呼ばれています。有名な科学史家サートン（George Sarton）が「グロステストやロジャー・ベイコン以前におけるイギリスの最も偉大な人物」と称したこの知識人についても、伝記的にまだ定かでないことが多いのです。活躍した時代は十二世紀の前半で、尊者ピエールと大体同じ時代の人です。生まれた年もはっきりしませんが、最近のある研究者は一〇八〇年ごろと推定しています。彼が学問的に最も活躍したのは、一一一六年から四二年の間で、一一五〇年ごろまで生きていたと考えられます。この間の彼の生涯については、彼自身の著作の中でたまたま述べられていることをつなぎ合わせる以上の史料は全くありません。それらから知られるところをつなぎ合わせてみると次のようなことが言えます。

彼は南イングランドの温泉郷として名高いバースの町に生まれ、若くしてヘンリー一世に認められてフランスに送られ、まずトゥールで学び、ランで教えました。はじめはパリで行なわれていたようなスコラ哲学の研究をしていましたが、これにあきたらず、アラビアの新しい学術の研究を志し、一一〇九年ごろランを去ります。その後、南イタリアのサレルノやシチリアを経て、キリキアのタルソスからシリアに入り、パレスティナにまで及び、エルサレムで天文観測を行なっています。その後おそらくスペインを経て、一一一六年ごろイギリスに戻り、故郷バースに住んで、後のヘンリー二世の師となったようです。実際彼は最後の著作と思われるアストロラーベについての一書を、この若き王子に献呈しています。

彼の著作としてまず知られているのは『同一と差異について』(*De eodem et diverso*)で、少し詳しい哲学史の本には出てきます。この書名は、直訳すると、「同じものと異なるものについて」ということになります。これは、フランス滞在当時に学んでいた古いスコラ哲学的内容のもので、まだアラビアの影響を受ける以前の作品で、同じもの、変らないものをとり扱う「フィロソフィア」(哲学)と、異なるもの、変化するものをとり扱う「フィロコスミア」(自然学)との間の対話で、両者の立場を調和させようとしています。つまり、同一の存在が、知性によっては、同じものとみられ、経験的探究では異なるものとみられるのは、観点 (respectus) の相違によるのだとするのです。類、種、個物も、同一者が観点の違いによって分化するのだとしています。これは要するに当時スコラ哲学で流行していた普遍論争——類とか種とかいう普遍概念は実在するのか、それとも名前だけなのかという実念論と唯名論の争い——を「観点」というものを導入して調停しようとしたもので、アイデアの多少の新しさはあっても、従来の伝統的スコラ哲学の枠内にとどまっているものと言えます。

彼はシチリアでシラクーザの司教ギヨームにこの書を捧げ、それまでのヨーロッパでのスコラ哲学にきりをつけ、またこの地でおそらくアラビア語を学び、いよいよオリエントへの旅に出かけます。そして七年間にわたるかの地でのアラビア学術の消化吸収ののちに、母国イギリスに帰って著わした最初の書物がここで特にとり上げようとする『自然の諸問題』(*Quaestiones naturales*) です。(追記——本書の岩波書店版が出たあと、畏友チャールズ・バーネット氏により、この書物のラテン語原文と英訳が出版されました。参考書目参照。)

スコラ哲学とアラビア科学との対話

『自然の諸問題』の方は、「アラビアの啓蒙」を経た後の書物ですから、旧套のスコラ的議論を超え出て、アラビア経由の進んだ知識、方法に基づいて自然界の諸問題を、植物、動物、人間、気象、天体の領域にわたり、七十六章に分けて論じています。この本は、イギリスで彼の帰国を待っていた甥との対話の形をとっています。実はアデラードはこの甥と一緒にトゥールで学び、ランでは彼とその仲間を教えていたのですが、前述のようにアラビア研究のためにオリエントに旅立ち、甥はフランスに残ってスコラ哲学の勉強を続け、七年後に母国で再会するのですが、その間に二人の間になんと巨大な落差が出来てしまったことでしょう。この書物には、ヨーロッパの旧知識を代表する甥とアラビアの新知識によって新しい視界の開かれたアデラードとの見事な対照――スコラの伝統的神学的態度とアラビアの合理的実証的態度とのあざやかな対照が示されています。これこそ十二世紀のヨーロッパに対するアラビアの知的影響を示す記念碑的著作と言えましょう。

それではまずこの本のはじまりの部分を訳してみましょう。

少し前ウィリアム(征服王)の子ヘンリー(一世)の治世下に、私がイギリスへ帰ってきたとき――実は長い間私を(研究のため)母国から引き離しておいたのは他ならぬヘンリー王なのだが――友人たちと再会したのは、私にとって嬉しくも楽しいことだった。まず最初の出会いにおいて、常のようにお互いの安否をたしかめあった後、私の心は我々の同胞の生活ぶりがどんなものであるかを知りたいと願った。それを尋ねてみると、なんと首長たちは暴君で、僧侶たちは酒飲みで、裁判官たちは買収され、地主たちは気まぐれで、小作人たちはごまをすり、約束してもごまかし、友人たちはねたみ合い、ほとんどすべての人が打算的であるのを知って、私は自らに、こういう悲惨な状態にもはや心を向けないようにする以外に手はないと悟った。

十年以上、母国を離れていたアデラードがそこに見出したものは、まことに落胆すべき状況で、彼が見聞した東方世界に較べて、ここに大きな文明の落差を感じとっている帰朝者の姿が見てとれます。

さてそうこうしているうちに、例の甥が他の人々とやってきて、アデラードに、「何かアラビアの学問の新しいもの」を皆に開陳してくれるようにすすめ、他の人々も賛成するので、もう何も言わないつもりだったのですが、気をとり直して一書をものしようということになりました。しかしこの本は、たしかに読者にとって有益だと思うが、しかしそれが読者にとって快適なものであるかどうかは疑わしい、とアデラードは言います。というのは、自分の周りにいる連中は、アラビア人のような新しい人たちによって発見されたものは、何も受け取る価値がないと思い込んでいる。昔のものを後生大事に抱え込んで、それだけがいいことであって、新しい人たちによってなされたことは全然受け入れる必要はない、と考えている。そういう身に染みついた弱点を持っている。だからこれからアラビアのことなど話したって、なかなか簡単に受け入れてくれないだろう。だから、これは役に立つとは思うけれども、あなたたちに快適であるかどうかはわからないと、言うのです。

そうすると甥が、「私の感想では、あなたはアラビア人を褒め過ぎます。そして我々の側の哲学者の学問をあなたは軽視するという偏見を示しています」と言い、自分が相手になって質問するから、それにちゃんと答えて下さい、そうすると我々の討論は有益になるだろう、と言います。

するとアデラードがそれに答えて、そのような対話が甥にとってのみならず、多くの他の人々にとっても有益であるなら、その熱心な申し出を受け入れるけれども、しかし、トラブルを避けるためにひとつここで了解してほしいことがある、ということで、次のように言います。

　これから私が何か皆さんの知らないことを言い出しても、それは私の意見を言っているのではなく、アラビア人の学問の内容を述べているのだと考えてほしい。なぜなら、私のこれから言うことが知識の遅れた人には不快だとしても、私自身がそういう人たちの不興を被らないようにしたいからだ。真理の教師が大衆からどういう目にあわせられるか、私はよく知っている。だから私のではなくアラビア人の主張を述べます。

　この言表は、アデラードがこの書で述べることが、当時のイギリスにおいて全く新しいものであったこと、そしてそのアラビアからの新来の知識を十字軍運動のさなかに、母国人に伝えようとするアデラードの微妙な立場を反映していると見てよいでしょう。

　さて甥との対話は植物の問題からはじまります。第一問は、「草は種が播かれなくても大地に生じて来るのはなぜか」という問題です。甥はたずねる。

　どんな理由によって草が地から生ずるのですか。もともと大地の表面は平らかで運動のないものですが、そこから動き出し、頭をもたげ生長し、葉を繁らせるのを見るとき、一体どんな原因があるのでしょう。お望みなら乾いた土を集め、細かくふるい、土製または銅製の壺の中に入れておけばよいでしょう。時間が経ってそこに草が生えてくるのを見たら、あなたはそれを神の驚くべき意志の驚くべき結果（mirabilis divinae voluntatis mirabilis effectus）という以外に何に帰すことができますか。

するとアデラードは答える。

> 土から草が生ずるには、神の意志がたしかに存在する。しかしそれは理由なしにあるのではない（……sed eadem sine ratione non est.）。

かくして、甥が安易に神の御業に全面的に帰してしまおうとするのに対して、アデラードはあくまでも自然現象の「理由、根拠」(ratio）を求めます。そしてこの場合、一見土だけと思われるもののなかには、実は土の元素だけではなく、火や空気や水の元素も含まれていたのであり、この四元素の働きにより大地から草が生じるのだ、と説きます。この説明自体の可否はしばらくおき、ここに注目したいのは、すぐに神の摂理に帰す従来の神学的なゆき方に対し、あくまでも「自然的原因」に固執するアデラードの態度です。彼は神の摂理を否定しないが、それによって自然的原因の合理的探究も放棄してしまうことに反対しているのです。

　私は神を引きずりおろそうとしているのではない。存在するすべてのものは神に由来し、神によっている。しかしそれ（自然）は混乱してめちゃくちゃになっているわけではない。人間の知識（scientia humana）が解明しうるかぎり、この（自然の）秩序にも耳が傾けらるべきである。

次にアデラードは動物の問題に入る前に甥に次のように言います。

　動物のことについて私があなたと議論するのは難しい。というのも、私の方はアラビアの師匠たちから理性（ratio）に導かれて学んだが、他方あなたの方は権威（auctoritas）という外見にとらえられて鼻綱（capistrum）に従っているからです。一体、権威を鼻綱以外の何とよぶべきだろうか。ちょうど理性を欠いた動物が鼻綱に導かれて、どこへ、どうして連れてゆかれるのかも知らずに、ただ自分を縛っている綱だけに従ってゆくように、あなたがたの少なからぬ人々も、この動物的な軽信にとらわれ縛られて、書き手たちの権威によって危険へと導かれているのです。

アデラードは全篇一貫して、このような理性の立場を貫こうとします。このように自然自体を理性で研究してゆくということは、ここに始まると言ってよいと思うのです。それ以前の中世にも自然研究というものはありました。植物の研究、動物についての記述はありましたが、しかしそれは主に「ピュシオロゴス」と言われているものなのです。この「ピュシオロゴス」というのは、「ピュシオロゴス（自然学者）が語る」という言葉ではじまる一連の書物の集合名詞のようなもので、そうしたピュシオロゴス（ラテン語でフュシオログス）文書といったものが中世初期からありましたが、そこでは自然はどのように取り扱われているかというと、自然自身が理性に基づいて研究されるのではなく、そこにおける動植物の生態の記述が神学的教説や教訓の、いわばシンボルとして用いられているのです。ですから、植物や動物の観察をし、それについて記述していても、それは神の摂理の象徴として扱われていて、自然自身を理性的に研究するというものではありません。

この自然の中に神の摂理の象徴をみようとする態度から、自然をそれ自体の原因によって研究しようとする態度への転換が、いつヨーロッパの思想のなかに起ったかと言えば、それは、バースのアデラードが、アラビアの学問の影響下にあって、新しい自然探究の道を開いたことに始まると言ってよいと思います。

アデラードの翻訳

アデラードはこうした『自然の諸問題』のような自分の著作をあらわすと同時に、またたくさんの学術書をアラビア語からラテン語に翻訳しました。以下その主要なものを挙げてみましょう。

まず第一に九世紀の有名なアラビアの天文学者アブー・マアシャル（Abū Ma'shar）の占星術書のラテン訳『小天文学入門』（*Ysagoga minor Iafaris mathematici in astronomiam*）があります。これはマアシャルの代表的な占星術書『大天文学入門』（*Kitāb al-mudkhal ilā 'ilm aḥkām al-nujūm*）の縮冊版のラテン訳で、アラビアの占星術の大要をはじめてラテン世界の学者に知らせた重要な翻訳書です。ここでいう天文学（astronomia）というのは、占星術の意味です。（追記——最近バーネットと山本啓二、矢野道雄の三氏の共著で、この書のアラビア語原文とアデラードのラテン訳およびその英訳が出版されました。日本人の研究者がこの方面の研究で第一線に立つようになったことは素晴しいことです。参考書目参照。）彼にはまたサービト・イブン・クッラの占星術書の翻訳『プトレマイオスとヘルメスによるサービトの天象論』（*Liber prestigiorum Thebidis secundum Ptolemeum et Hermetem*）というのもあります。

天文学の領域では、九世紀の偉大な数学者、天文学者アル＝フワーリズミーの貴重な『天文表』（*al-Zīj*）のラテン訳『アル＝フワーリズミーの天文表』（*Ezich Elkauresmi*）があります。これは三十七の章と百十六の表を含み、太陽、月、惑星の運動の計算を可能にするもので、西欧世界に大きな影響を与えました。このアル＝フワーリズミーの『天文表』を訳すに当って、十世紀のスペインの天文学者アル＝マジュリーティー（Maslama al-Majrīṭī）の改訂した版によっていることは、アデラードとスペインとの関係を暗示させます。また同じアル＝フワーリズミーの学問を伝えた編述書『アル＝フワーリズミーの天文学入門』（*Liber ysagogarum Alchorismi in artem astronomicam*）もあり、これは、実のところ天文学だけではなく、算術、幾何学、音楽をも含み、とくにその算術のところでは、アル＝フワーリズミーの著作の『インド数字について』（*De numero Indorum*）に基づく、いわゆるアラビア数字とそれによる計算法が述べられているのは注目されます。これはおそらく西欧世界における最も初期のアラビア記数法の紹介でしょう。

しかし翻訳として最も重要なのは、なんと言ってもユークリッドの『原論』全十五巻のラテン訳です。アデラードがアラビア訳の『原論』から、そのラテン語の全訳を完成するまでは、ヨーロッパにはユークリッド幾何学の内容についてほとんど知られていなかったのです。三世紀のケンソリヌス（Censorinus）、六世紀のボエティウスの、ギリシア語からのラテン訳といわれているものは、わずか『原論』第一巻の定義、公準、公理と若干の命題を含むだけの、まことに微々たるもので、その内容もずさんでした。したがってアデラードのこの翻訳によって西欧世界ははじめてギリシア数学の権化ともいうべき、ユークリッドの厳密精細な体系の全貌を知ったのです。以後『原論』は西欧世界で聖書についで読まれ、ヨーロッパ学術の典範となるほどの甚大なインパクトを与えました。西欧学術史に転換をもたらした、この翻訳の意味はけだし大きなものがあったと言えましょう。

ところでアデラードの『原論』といわれているものには、三種類のものがあることが近時の研究によって明らかになってきました。通常それを『アデラードⅠ』『アデラードⅡ』『アデラードⅢ』と区別しています。『アデラードⅠ』は『原論』のアラビア原典（アル＝ハジャージ版）からの忠実な翻訳で、最も長いものです。『アデラードⅡ』はアデラード自身による縮冊版で、命題の表現も少し変り、証明もそのやり方やアウトラインが示されるに止まっています。『アデラードⅢ』は『アデラードⅠ』の翻訳を用い、それに注釈をつけたものです。（追記——これらについては三浦氏の「解説」中の記述参照）

このうち最も流布したのは『アデラードⅡ』で、最も多く写本が存在し、後にスコラ哲学の学校で用いられ、十三世紀の有名なカンパーヌス（Campanus）の『原論』のもとになりました。前回皆さんのお手元にお配りしたアデラードの『原論』のラテン訳（二五ページの図1）は、私が読んだ『アデラードⅡ』のマニュスクリプトのコピーです。一番はじめに大きな字で、Punctus est cuius pars non est.（点とは、その部分がないものである）と書かれているのが読めるでしょう。『原論』第一巻の最初の「点」の定義ですね。また右肩の方に、Euclidis Elementa brevissime demonstrata ab Adelardo……（アデラードにより最、も簡潔に証明されたユークリッドの『原論』という書き込みがありますが、これはこのテクストが『アデラードⅡ』であることを示しています。この内容は私の論文「十四世紀におけるユークリッド『エレメンタ』の一写本――MS Paris, Bibliothèque Nationale latin 7215」『東大教養学部人文科学科紀要、第37輯哲学XIII一九六五』に掲載されています。『原論』はアデラードのほかに、同時代のカリンティアのヘルマンやクレモナのゲラルドにより、同じくアラビア語版からラテン訳されましたが、ともにアデラードのものほどは流布しませんでした。

このほか、アデラードにはヨーロッパにおける最初の鷹の飼育に関する書物やアラビア伝来のアストロラーベについての著作があり、また顔料の製作や染色の化学的処方を扱った錬金術書の編述も彼に帰されています。そこに、はじめて「アルコール」という言葉が見出されるのは興味深いことです。

アデラードは、このように十二世紀の前半にアラビアと西欧の接点に立って、前者から後者への文明移転に力を尽した、極めて重要な人物と言えます。それはちょうど幕末から明治初頭にかけて、多くの西欧の文物を日本に翻訳、紹介し、西欧から日本への文明移転を遂行した西周や福沢諭吉に比すべき役割を果したと見ることができます。それゆえ私は十二世紀ルネサンスにおける西欧―アラビア交渉における最も注目すべき人物として、聖職者からは尊者ピエール、知識人としてはバースのアデラードを選んだわけです。

アデラードによる学問革新の影響は、まず同時代のダニエル・モーリー（Daniel Morley）やサン・ヴィクトルのユグ（Hugh de St. Victor）に現われ、ついでロジャー・ベイコン、アレクサンダー・ネッカム（Alexander Neckam）、カンタンプレのトーマ（Thomas de Cantimpré）、さらにはピコ・デッラ・ミランドーラ（Pico della Mirandola）にまで及んでいます。そして彼の著作『自然の諸問題』は十二世紀の後半、フランスにいたユダヤ人ベラキア（Berachya）の手によって『伯父と甥』（*Dodi ve Nechdi*）という書名でヘブライ訳されたことは注目されます。このことは当時この著作がすでにフランスに知られていたことを示すものであり、フランスの知的雰囲気にもある種の影響を与えていた可能性があると考えられるからです。実際、私はこの著作と十二世紀フランスのシャルトル学派における自然学の勃興とが少なからず関係をもっているのではないかと推定しています。

このシャルトル学派のことは、次に第三講においてとり上げることにいたします。

第三講　シャルトル学派の自然学

一　自然の合理的探究

前回は「十二世紀ルネサンスのルートと担い手」ということで、十二世紀にアラビア学術が、そのラテン訳を通してどのように西欧に入ってきたかという道筋と、そうしたラテン訳を試みた主な人々について述べ、とくに『コーラン』を翻訳させ「トレード集成」をつくらせた尊者ピエールと、多くのアラビア学術書を翻訳し、かつ『自然の諸問題』を書いたバースのアデラードの二人に焦点を合わせました。そして『自然の諸問題』のいくつかの箇所を皆さんと一緒に読んでみたわけですが、今回はまず十二世紀ルネサンスの哲学的側面としてシャルトル学派をとり上げようと思いますが、とくにその新しい自然学の動向に注目してみます。

アデラードの著作で我々が見出したものは、理性による自然の合理的研究ということでした。つまりそれまでのように神の摂理だとか、あるいは権威者のいった言葉によって自然に対するのではなく、自然そのものの原因に即して自然を理性的に研究してゆくことが大切である、と説かれていますし、それが実践されているわけです。そしてそうしたことをアデラードは、アラビア人から学んだ、と言っているのです。

もちろん合理的に考え、議論してゆくということは十二世紀以前の西欧世界にも行なわれていました。十一世紀以降の神学論争もいろいろと理屈で考えたわけですから当然理性を用いる。特にみなさんご承知の、アベラールという人は、そういう理屈を操る論理的弁証の名人でした。しかしそこで問題になっていたのは、前にも申し上げましたように、「普遍論争」、つまり個物ではなく、類や種のような普遍概念は名称だけなのか、それとも実在しているのか、といったような概念上の問題でした。

だから自然について、それを理性で考えてゆくということ、自然そのものを合理的に追究してゆくということ――これは十二世紀の西欧世界のまったく新しい思想だったと言っていいと思います。

そしてこれはアラビアの影響から来たように思われます。すでに十一世紀のコンスタンティヌス・アフリカヌス（Constantinus Africanus）により、アラビアの自然学書や医学書がラテン語に訳されていましたが、十二世紀に入るとイブン・スィーナーのようなアラビアの有名な自然学者、医学者の自然学書もこの世紀の前半に、もうラテン語に訳されております。このようにアラビアの自然学者たちが、自然について、理性をもとにした研究を行なっていたということが、ここにやはり影響しているだろうと思います。

西欧における自然観の変化

それではラテン西欧世界で、それまで自然はどのように扱われてきたかと言えば、それは神の摂理の対象としてみられたのです。つまり自然のなかにそういう宗教的、道徳的なシンボルを見ようとしたわけで、自然を自然自体の原因に基づいて合理的に研究しようとしたのではなかったのです。この間には、自然をとり扱うに当っての、神学的・道徳的態度と合理的・実証的態度との大きな相違があります。

たとえば、月というのは、後者ではひとつの自然学的研究の対象でしょうけれども、前者においては神の光を反映する教会のシンボルであったし、風というのは、スピリトゥス、つまり精霊のシンボルだし、サファイアという宝石は神的瞑想のシンボル、というふうに、自然物はみんなシンボリズムで解釈されていたわけです。このように自然を道徳的なシンボルとしてみることは、一世紀頃のセネカ（Seneca）の『自然の諸問題』（*Quaestiones naturales*）――本の名前はアデラードのと同じだが、内容は非常に違う――でもそうで、同じような立場で書かれていますし、二世紀以後、前にも触れた「フュシオログス文書」と名付けられている一連の自然学の書物――最初ギリシア語で書かれたが、ラテン訳されて、キリスト教世界に広く流布した――でも、植物や動物や、それらの生態のことが記載されていますが、それらはすべて、道徳的なことの象徴として解釈されているのですね。

ところが、十二世紀になると、そういう道徳的な象徴としてではなくて、自然的原因だけで、自然の内在的構造を合理的に明らかにしよう、という態度が現われます。それはアデラードの甥との対話のなかにすでに見られたことでしたけれども、今日取り上げます、シャルトル学派でそれがはっきりと現われてきます。このシャルトル学派こそ、十二世紀ルネサンスの知的革新というものを最も敏感に受け取って、それに最も活発に反応した学派ではないかと思います。

そういう意味で、今日は、十二世紀ルネサンスの哲学的側面を扱うに当って、その代表としてシャルトル学派を取り上げるわけです。

哲学的財産——十二世紀の前と後

そのシャルトル学派の問題に入る前に、哲学的な財産が、十二世紀以前と十二世紀以後とではどのように大きく変ったか、ということをここに確認しておきたいのですけれども、お手許に配りました翻訳の一覧表（二〇〇―二〇三ページの表2参照）をご覧になって下さい。これは、前に申しました、十二世紀ルネサンスの三つのルートにおいて翻訳されたものですが、ご覧の通り、いろいろな重要な書物が、一挙にここでアラビア語またはギリシア語からラテン語に訳されています。それでは、それ以前はどうだったのでしょうか。

その頃の、西欧における哲学的な知的財産は驚くほど貧しくて、まず四世紀のカルキディウス (Chalcidius) がラテン訳した、プラトンの『ティマイオス』(*Timaios*) がありま す。プラトンには愛のことや国家のことなどを論じた多くの対話篇がありますが、この書物は自然の問題、宇宙論を扱ったもので、これが例外的に早くラテン訳されております。これは非常に注目すべき事実です。

その他、翻訳としては、ボエティウスによってラテン訳されたアリストテレスの論理学書『オルガノン』のうちの『範疇論』と『命題論』だけです。アリストテレスはあれだけたくさん本を書いているわけですが、論理学の一番最初の入門的なものがボエティウスによって訳されました。これだけでも後の中世哲学には重要な財産となったわけです。というのも、あの「普遍論争」というものは、この『範疇論』におけるアリストテレスの普遍概念についての言及に端を発するもので、それが肥大化して、あのような中世の大論争になるわけです。

それから、ポルフュリオス (Porphyrios) の書いた『イサゴーゲー』(*Isagoge*)。これはアリストテレスの『範疇論』に対する注釈です。「イサゴーゲー」というのは「入門」というような意味で、「アリストテレス範疇論入門」とでも訳していいかと思います。

さらに翻訳でない著作として、マルティアヌス・カペッラ (Martianus Capella) の『メルクリウスとフィロロギアの結婚』(*De nuptiis Philologiae et Mercurii*)、またカッシオドルス（Cassiodorus）の『聖俗学芸教程』（*Institutiones divinarum et saecularium litterarum*）、そしてイシドルスの『語源学』（*Etymologiae*）という百科事典のような本があります。

しかしこれらの著作はみなギリシア学術の余流を汲む二流の本で、ギリシアの第一級の学術が薄められ、断片化してローマ世界に入ってきたものをかき集めて、まとめ上げたという意味で、学術書の水準の高さという点からみれば、あまり論ずるに足りない本ですが、しかし中世初期の知的財産としては、たいへんなものだったわけで、この人たちの著作は絶えず読まれ引用もされたわけです。

とにかく、そんなものくらいしかなかったのです。ところが、この表を見ると、十二世紀に入って、まずアリストテレスの第一級の重要な諸著作『分析論前書』『分析論後書』『自然学』（*Physica*）『形而上学』などがラテン訳されるわけです。アラビアの方では、イブン・スィーナーの『治癒の書』（*Kitāb al-shifā'*）——これは医学の本かと思うとそうではなく、哲学、自然学の著作で、医学の本としては、別に『医学典範』（*al-Qānūn fī al-ṭibb*）というのが訳されている——やアル＝キンディー（al-Kindī）やアル＝ファーラービーの著作が訳され、西欧ラテン世界に大きな影響を与えました。

この表を見渡してもわかる通り、哲学についても、第一級のギリシア・アラビアの学術が全部、十二世紀にラテン語に訳されて西欧世界に取り入れられました。それまではギリシア・アラビアの学術のほんの五パーセントくらいしか西欧世界には知られていなかったのです。そしてその五パーセントの知識をいろいろこねくりまわしまして、なんとかやっていた状態でした。ですからここにおいて、知識財産の大変動が起るわけです。そして、とくに十二世紀前半のラテン訳を受けて、新しい哲学の勃興というものが最初にあらわれたのがシャルトル学派であるというふうに言っていいと思います。

二　シャルトル学派

ところで、このシャルトル学派の歴史ということになりますと、実は十世紀頃まで話が遡るわけです。後にシルヴェステル二世としてローマ法王になるゲルベルトゥス(Gerbertus)は十世紀の人ですが、たいへんな卓越した学者で、第五講でも述べるように、若いときにスペインのカタルーニャに赴いて、いち早くアラビアの学術をとり入れ、そしてそれをフランスのランの司教座聖堂付属学校で教えます。それは、みんなが全然知らないようなことがいっぱいあるわけですから、大変評判になり、多くのすぐれた弟子が出ました。そのなかの一人に、フルベルトゥス(Fulbertus　フランス名フュルベール　Fulbert de Chartres)という人がいて、シャルトルの司教になり、そこの司教座聖堂付属学校で教えることになります。したがってシャルトルの学問ははじめからアラビアと関わりがあるといえます。しかしここで問題にしようとする、十二世紀ルネサンスのシャルトル学派というのは、それからさらに百年くらい経って、シャルトルのベルナール (Bernard de Chartres) にはじまるといってよいでしょう。

このベルナールの言葉は、十二世紀ルネサンスの知的雰囲気を言い表わすものとしてよく引用されます。

われわれは巨人の肩に乗っている小人のようなものである。それゆえに、われわれはその巨人たちよりもっと多くのものを見ることが出来るし、もっと遠くまで見ることも出来る。しかしそれは我々自身の眼が鋭いからではなく、また我々自身の背丈が高いからでもなく、まさに我々が、その巨人の丈をもつ人びとによって高く掲げられ担われているがゆえなのだ。

つまり、自分たちは先駆者たちの偉大な学術をいま復興しつつあるが、そのおかげで新しい地平が見えるようになったという、その巨人たる先駆者たちに負うているところの意識の表明であると同時に、その巨人たちの肩に乗るがゆえに、その先駆者たる巨人たちすらこえ出て、もっともっと遥かな地平を見渡すことが出来るという、新たな時代の希望の宣言ともとれるわけです。そういう意味でこれは、十二世紀ルネサンスのマニフェストだといってもよいでしょう。ここにいう巨人たちとは、復興されたギリシア・ローマの古典文化を指していることはもちろんですが、またギリシア学術を西欧に伝え、かつそれを独自に発展させたアラビア文化をも実質的に内含しているといえると思います。

自然学研究の重視

さてこの言葉を残したベルナールはシャルトルでどのような教育方針をとったかというと、学ぶものの個性を尊重し、それぞれの才能を重視して、詰め込み教育をせず、知的教育と道徳教育とを結合させようとしたのですが、しかしここで特に注目したいのは、もうひとつ、自然学研究の重視ということです。これは他の司教座聖堂の付属学校にはありませんでした。そこでは神学の研究は盛んでしたが、自然学の研究などは重視しなかった。ところがシャルトルでは、それをまともに取り上げるばかりか、キリスト教以外の文化圏のギリシアやアラビアの学術を豊富に取り入れようとしました。そのような異教徒の著作も、ラテン訳を通して、学問の革新のために積極的に取り入れようとしたのです。

これは当時としては新しい志向を示すもので、そのことによってシャルトル学派というのは、十二世紀の新しい学問の希望の星であったと同時に、また周囲からは憎まれた、憎悪の対象でもあったのです。たいへん妙なことをやり出した、異端の徒である、というような目で見る人びともいたわけです。クレルヴォーのベルナールなどもそうですし、オルレアンやパリのサン・ヴィクトル、ランの聖職者たちにも盛んに批判されました。またそれだけに、非常に野心的で優秀な人がここに集まり、新しい研究にいそしんだということもあるわけです。

自由七科の再建

シャルトル学派の特徴として、もうひとつ、古典古代のリベラル・アーツ、自由七科の内容を中世において建て直そうとしたことがあります。リベラル・アーツというのはラテン語で、artes liberales といいますが、中世の学問の基本学科となったものです。それにはまず四科という数学的学問――幾何学（geometrica）、天文学（astronomica）、算術（arithmetica）、音楽（musica）――があります。音楽というのが数学的な学科というのはおかしいと思われるかもしれませんが、ヨーロッパの音楽というのは、ピュタゴラス以来の数論と密接に関係していて、その理論の上につくられるものですから非常に数学的なものであって、ここに入るわけです。

さらに三科、つまり、文法（grammatica）、修辞学（rhetorica）、弁証論（dialectica）という文科的学科があります。弁証論というのは正しく議論するための学問ですが、それは論理学に基づくものですから、中身は論理学と考えられても結構です。

以上の七つが、自由七科というものの内容で、これが古典古代にはじまり中世を通じて、さきほど挙げたカペッラにおいても、カッシオドルスにおいても、とり扱われているわけですが、しかし十二世紀にこれだけ新しい学問内容が入ってきますと、もっと豊かな内容で自由七科を建て直さなければならないわけで、そういう意味で、この自由七科を、根本的に新しい次元で再建するということをシャルトルのベルナールはやろうとしたわけです。

三 シャルトルのティエリ

このベルナールの後を継いだのがジルベール・ド・ラ・ポレ（Gilbert de la Porrée）という人ですが、この人がシャルトルの学校を主宰した期間は割合に短かかったということもあって、ここでは省略して、次に、シャルトルの司教座聖堂付属学校の学頭になったシャルトルのティエリ（Thierry de Chartres）に話を移しましょう。

ここで学頭といったのは、英語でいうとチャンスラー（chancellor）、ラテン語ではcancellariusです。司教座聖堂付属学校、というのは司教がいる聖堂に付属している学校という意味で、ヨーロッパの大学の起源になったものです。そこでは、はじめは司教が自ら教育の責任をもったのですが、そのうちに、司教がほかのことに忙しくなりますと、チャンスラーという、司教の尚書係のような人が教育の方を担当する責任者になり、司教をこの面で助けるようになるのですが、最後には、司教ではなくてチャンスラーが付属学校の教育の最高責任を負う、というふうに移ってゆくわけです。この頃はもうそうなっていました。そこでチャンスラーは今では、大学の学長というような意味をもっているのです。そのチャンスラーに、シャルトルのティエリがなるわけですが、彼は実はシャルトルのベルナールの弟で、大変重要な人物なのです。そこでこのティエリとその著作を今日の中心のトピックにしようと思います。

自由七科の最も熱心な研究者

彼はまず兄のベルナールの方針を受け継ぎまして、リベラル・アーツを非常に重視します。そして、新しく復活したユークリッドの幾何学とか、プトレマイオスの天文学とかを取り入れて、自由七科を新しい基礎からしっかりと建て直そうとします。その自由七科について彼が新しく編んだ著作が『七書』(*Heptateuchon*) 四十八巻です。これはもちろん、モーゼの『五書』になぞらえて書かれた大著で、ソールスベリのジョン (John of Salisbury) は彼のことを「自由学科の最も熱心な研究者」(artium studiossimus investigator) とよんでいます。

そして、この自由七科の中でも、数学的四科、すなわち幾何学、天文学、算術、音楽が非常に重要だというふうに強調します。つまり宇宙の合理的な説明というのは、すべて数学に依存しているのだから、数学的学科をしっかり研究しなければならない、というわけです。

図4　シャルトルの大聖堂

『旧約聖書』の「知恵の書」には、神は「数と尺度と重さによって」世界を構成したと書かれていることを根拠にして、数学的学科は、神の御《み》業《わざ》を解く鍵なのだということを盛んに強調したのです。

　ですから、科学というものは、神学の知識に対立するどころか、むしろ神学の正しい教育のための必須のオルガノン（道具）なのだけれども、しかし我々の知性が、数学的科学によって世界の構造をはっきりと洞察しても、それをきちっと正しく、かつ優雅に表現するためには、四科だけではだめで、やはり三科、すなわち文法、修辞学、論理学の助けを借りなければならず、この両方の学科が一緒になって人間はこの世界に対する真なる知識と、それを表現する力を得ることができ、そうすることによって本当の意味での「人間的教養」(cultus humanitatis) というものが完成される、つまり、自らの宇宙における位置を自覚し、神によって創造された世界の美を感じることができる、というふうに言うわけです。

　このようなティエリの理想を示すものがシャルトル大聖堂の、西側の正門にある彫刻です。それをちょっと見てみましょう。写真の、最初のものはシャルトルの大聖堂の全景です

ます。(図4)。たいへん立派なもので、パリから列車で小一時間西南に下ったところに屹立してい

大聖堂正門ティンパヌムの群像

重要なのは次の、大聖堂の正門の、向って右側の入口の上にあるティンパヌムの彫刻です(図5)。真中には、マリア様の膝に抱かれているキリストがいて、二人の天使がそれを囲んでいます。ところで、ここで注目されるのは、その周りに刻まれている群像です。それは従来ならば、天使とか、聖人とかを表わす宗教上の像が彫られたはずですが、ここではまさに自由七科の代表者たちが刻まれています。そういう異教の、いわば非キリスト教徒の学者たちの像が教会の正面に堂々と刻まれて聖者の仲間入りをしているのです。

まず一番外側の枠の上から左へふたつめの像がユークリッドで、その上には幾何学を象徴する人物がいます。同様に上から右へふたつめの像はアリストテレスで、その下は天文学を表わす人物とプトレマイオス、その下が算術を表わす人物とピュタゴラスです。その内側の枠の右下の方にいる楽器を持っている人がボエティウスで、その下が文法を代表するドナトゥス (A. Donatus)。さらに左外側の一番下が修辞学のキケロ (Cicero)。

ただし、この対応については人により多少意見が違っていますが、ここに自由七科の王者たち、ユークリッド (幾何学)、プトレマイオス (天文学)、ピュタゴラス (算術)、ボエテ

図5　シャルトル大聖堂ティンパヌムの彫像

イウス（音楽）、ドナトゥス（文法）、キケロ（修辞学）、アリストテレス（論理学）が、みんな顔を揃えてキリストを囲んでいることは間違いありません。

この正門（Royal Portal）がつくられたのは一一四一年、つまりティエリがこのチャンスラーになったときなのです。ですから、まさにこれはティエリの理想を表わしたものと言ってよいと思います。さきほどから述べてきました、彼の自由七科の理念をこういう彫刻で、大聖堂の正面にはじめて飾ったということになるわけで、これは大変画期的なことです。こんなことが行なわれたということ、つまり異教の学者たちが聖堂の正面に、堂々と姿を現わすなどということは、これ以前にはなかったのではないかと思います。はじめてこういう自由七科の学者たちが、教会の守護者としてあらわれてきたということですね。

このようにユークリッド、アリストテレス、プトレマイオスなどが非常に重要な位置を占めているということは、十二世紀ルネサンスにおける学芸復興の、シャルトルへの影響ということを見事に表わしていると言っていいと思います。というのも、これらの人々の学問の内容は、十二世紀になってはじめてアラビア訳からラテン訳されて西欧世界に知られるようになったからです。

神学と自然学の統合

このように自由七科、特に四科——幾何学、天文学、算術、音楽の研究——が、宇宙の合理的説明に必要だということをシャルトル学派は強調したわけですが、それは信仰と自然の合理的探究とは矛盾しないどころか、両者は統合さるべきだというシャルトル学派の信念と結びついているわけです。つまり、科学——といっても、もちろんまだ今日のようなものではなく、自然の合理的探究というほどの意味のものですが——と対立するどころか、深く結びついているべきだ。神がそのよき意思と意図によって、この世界をつくったからこそ、そこに合理的秩序があり、それゆえに理性はこの神の御業を解明するという効用を持つのであって、諸々の科学を用いて自然そのものの原因を合理的に探究してゆくということは直ちに信仰への奉仕なのだ、という牢固たる信念があるわけです。これは当時の思想界においては正統派の考えとはいえず、非常に異論のあったところです。その意味でシャルトル学派は孤軍奮闘したと言っていいわけですが、しかしこの努力は、後世に大きな影響を与えて、ひとつの重要な潮流をつくり出しましたし、当時においても少数の優れた人たちに尊敬され、高い評価を得ました。

シャルトル学派の思想は、目に見えるこの世界を合理的に探究することによって、神に至る、いっそう確かな道が開かれる、したがって宇宙論というものは、神学的研究と反対のものではなくて、むしろ神学的な単なる思弁を超えた、正しい合理的根拠のある神への接近の手段なのだという、西欧キリスト教世界でのはじめての考え方です。したがって科学は決して信仰を破壊することではなくて、むしろより強固な神への接近なのだという考え方が、シャルトル学派のなかに、とくにティエリのなかにあったと思います。

「自然の理由のみに従って」

こうしたティエリの考えを端的に示しているものが、彼の次の重要な著作『六日間の御業について』(*De sex dierum operibus*) です。この書物は『旧約聖書』の「創世記」(Genesis) 第一章の解釈であり、神が最初の六日間でこの世界を創造し、七日目に休息した過程の解釈を提示したもので、いわゆる「ヘクサエメロン文書」のひとつに属するものといえます。しかしティエリのこの著作には、それ以前の「ヘクサエメロン文書」にはない際立った特色が見られます。それはこうした神による世界の創造をあくまでも、自然の原理、自然的な原因、根拠によってのみ説明し、従来の象徴的な解釈をすべてしりぞけている点です。そして、こうした合理的説明を貫くことによってむしろ神の本当の栄光が明らかになる、ここに矛盾はないのであって、我々はあくまで自然的な原因、根拠だけで世界の形成を説明しよう、というのがティエリの態度です。これが「自然的理由のみに従って」(juxta physicas rationes tantum)という、この本のなかの有名な言葉によって表現されています。

　これから皆さんのお手許にお渡ししてあるテクストに従って、その論述の内容をみてゆこうと思います。

　最初にティエリの講筵に列した弟子のアラスのクラランボー(Clarenbaud de Arras)の序文があります。そのなかで、「私は貴方に六日間の神の御業についての小著を送ったが、それは私の先生であるティエリが書いたもので、ローマの法王庁もこれをうけ入れて、その文庫のなかに納めた」とあり、ついで「そこには多くの哲学が含まれている。というのもティエリは全ヨーロッパ中で際立った主要な哲学者で、彼はここで自然的理由のみに従って、いかにして範型的形相が質料のなかにはたらき、すべてのものをつくり出したかを教えている」と述べ、最後に、ここでは哲学者たちの考えがキリスト教の真理と調停されるが、その反対者からさえ聖書は自らの力と強化を獲得するとして、「真の賞讃は敵の側からくる」という諺を引用しています。

これは異教の学問が入ってくることを恐れるな、むしろそういう異教の学問によって、キリスト教的真理が強化されることもあるのだということ、ギリシアの学術もアラビアの新学問も、それがよければどんどん入れてキリスト教をもっと骨太のものにしよう、そういった気負いが感じられます。

「創世記」の解釈

その次からがティエリ自身の論述ということになるのですが、そこではまず、「『創世記』第一章の七日間と神の御業の六つの区別を、自然学に従って字義通りに解明するに当って、まず最初にこの著者（モーゼ）の意図とこの書物（「創世記」）の有益性について若干のことを言っておこう」と述べ、さらに、「私はこれまでの聖書解釈者がやってきたような、寓意的道徳的な読み方は一切行なわないだろう」と明確に宣言しています。

「創世記」は「モーゼの五書」の最初の書物です。モーゼがこの書を編んだ意図というのは、万物の創造と人間の形成というものが神によってのみ行なわれたこと、その神をのみ我々が敬い崇めるべきものであることを示すためであり、またこの「創世記」が有益であるのは、神が創ったものを通して神を知ることができ、宗教的崇敬が神にのみ捧げられるようになることだとしています。

このへんのところは、さきにも多少述べましたが、創造の自然学的な追究というものが信仰と矛盾するどころか、むしろ神がつくった被造物の研究を通して神というものを本当に知り、これを敬うことになるのだ、ということを言っているのだと思います。

さていよいよ聖書の中味に入り、まず「はじめに神は天と地とを創造した」（I、1）という章句は世界の創造の「原因」とその創造の「時の順序」の問題を提起しますが、この創造の「原因」については四つあり、創造の「作用因」(causa efficiens) としての神そのもの、創造の「形相因」(causa formalis) としての神の知慧、創造の「目的因」(causa finalis) としての神の恩寵、そして創造の「質料因」(causa materialis) としての四元素（火、空気、水、地）です。さきの「創世記」冒頭の章句は世界創造の「作用因」が神であり、それによってつくられる素材、「質料因」が四元素であることを示します。「天と地」というのは、火、空気、水、地の四元素のことだとティエリは解釈します。さらに「神は『光あれ』と言った」という章句にあるように、神が「言う」ということは、これからの創造の形相をしつらえることを意味するもので、それは創造の「形相因」としての神の知慧を表わしていると考えます。また「神はそれを見て、良しとした」とありますが、この「良しとした」というのは、神がこの被造物の世界を良いものにしようとした善意を示すもので、これは創造の「目的因」としての神の恩寵を表わしているとします。

さて次に「時の順序」、つまり神による創造の六日間になされたことを順に解釈してゆく問題に入るわけですが、ここでティエリのいう「自然的理由のみに従って」という原則が、はっきりと貫かれます。神はまず「天と地」、つまり火、空気、水、地の「四元素」を創り、これらをその自然性に従って同心球のなかにしつらえた。火の元素からなる天は、最も軽いものなので止まっていることができず、自ずと運動をはじめるが、これはすべてのものを包みこんでいるので直線的には動くことはできず、創造の瞬間から回転し始める。この火からなる天の最初の一回転によってその下の空気が照らされ、そこにはじめて光が与えられる。またこの空気が照らされることにより、その下の水や地にも光が与えられる。これが創造の第一日である。

ところで火は光とともに熱も与えるから、天の第二の回転によって空気が熱せられ、またこのことにより水も地も熱せられ、熱せられた水の一部は蒸気となって上昇し、空気の層の上に留まることになる。そして空気の層は、その上の蒸気となった水と、下に留まっている水との間にがっちりとはさまれる。このことが、神が「水と水との間にあおぞらをおいた」ということの意味であり、「あおぞら」(firmamentum) とは、このように上部の水を支えている空気の固い層にほかならない。これが創造の第二日になされたことである。

つぎに、天の第三回目の回転によってさらに多くの水が蒸気となって蒸発してゆくと、それだけ大地の上の水が少なくなって、そのところどころに乾いた陸地が現われる。そしてさらに熱し続けると、そこに植物や樹木が生じてくる。これが創造の第三日に起ることですが、ティエリはこのことを説明するために、机の上に水をこぼし、薄い水の膜をつくり、これに長く火をかざしていると、だんだん乾いて、あちこちに机の表面が現われ出てくる経験の例などをひいています。

つぎに第四日目には、空気の上にもち上げられた蒸気としての水が、第四回目の天の回転により火や空気と結びついて凝集し、天体や星をつくります。天体というのは目に見えるものですが、純粋な火や空気は目に見えません。目に見えるためには、もっと「濃い」元素、つまり水や地がまじることが必要なわけですが、地は重くて天には上げることはできず、天上の水が火や空気と一緒になり、凝集して、目に見える星などがつくられる。そして「養われるものは、自分と同じもので養われる」という原理によって天体は周りの水によって養われているとティエリは考えています。

さて、天体がつくられ、これが回転すると熱の力は益々強まり、第五回目の天の回転により、ついに生きものをつくり出します。すなわち、その生命を生み出すに至った熱の力は地上の水に及び、そこに生きるさまざまな海の動物、魚を生み出し、また地上近くの空を飛ぶ鳥をつくり出します。これが創造の第五日目に行なわれたことです。

そして最後の六日目には、天の第六回目の回転によって湿り気を帯びたこの生命の熱はついに地上に浸透し、大地のいろいろな動物、さらに人間を、神の姿に似せてつくり出します。かくして創造の基本的な作業は終り、七日目に神は休息するわけですが、それ以後は本質的な意味での新たな創造はなく、なおいろいろなものが生み出されるにしても、それはこの六日間の過程で四元素にくみこまれた「種子的原因」(ratio seminalis)によって生ずるにすぎません。

さてここで注目したいことは、『旧約聖書』の「創世記」を解釈するに当って「自然的理由」(physicae rationes)しか用いていないということです。この理由づけが、いまの我々から見ると幼稚だったり素朴にすぎるかも知れませんが、要するにティエリは、世界の形成について、単に神はこうしたということだけにとどまらないで、それの自然学的根拠を追究しようとしたのです。つまり、宇宙論、自然学を、神の摂理というような問題に押し込めてしまわないで、それを自然学的原理だけで理性を用いて説明してゆくということを始めました。こうしたことがなぜ十二世紀に起ったのかということを考えてみなければなりません。

十二世紀のことですからティエリの「創世記」の自然学的解明の試みは、まだ素朴なものであったとしても、これでも当時としては非常に新鮮でした。そのために彼はマジシャン(魔術師)とも言われたのです。これまでの神学のやり方をうち破って、自然を自然の原理で合理的に説明するという新しいパラダイムを導入したことは、当時の人をびっくりさせたわけですね。だからマジシャンと言われたわけです。さきほど少し触れたゲルベルトゥスもマジシャンと言われましたし、それから、アルベルトゥス・マグヌスや後のライムンドゥス・ルルス（Raimundus Lullus）などもマジシャンと言われました。だから自然についてこうした新しいアプローチを試みた人は皆そう言われたわけです。そして不思議にも、それらの人々はみなアラビアの学術と関係があるのですね。

ティエリとアラビアの関係

それではティエリには、いったいどのようなアラビアの影響があるのだろうかという最も重要な問題に入るのですが、通説では、そうした影響はないということになっています。通常の中世哲学史でもティエリのことは、アラビアの影響以前のところに入れられていると思います。そして彼の「創世記」の自然学による合理的解明の試みも、カルキディウス（Chalcidius）によってラテン訳されたプラトンの『ティマイオス』によっていると、されています。実際、彼の書物（『六日間の御業』）の本体をなす「論考」（tractatus）に続く「釈義」（exegesis）のところにプラトンの『ティマイオス』の内容が言及されており、ティエリがこれを読んでいたことは間違いありません。しかし本体の「論考」の部分では『ティマイオス』によっているところはあまりなく、むしろ「四原因」の概念のようにアリストテレスやイブン・スィーナーの影響も見られ、むしろ全体として「創世記」における世界の形成を自然学によって合理化しようとすることが主目的であるように思います。それにもしプラトンの『ティマイオス』の影響によって、この「創世記」の自然学的な合理的説明を行なったとするなら、なぜこれが四世紀にカルキディウスによりラテン訳されていたにもかかわらず、十二世紀まで眠っていたのでしょうか。ほぼ八百年の間ほとんど放置され、このときになり突然目をさましたのはなぜでしょうか。ティエリの、そしてシャルトル学派の自然の合理的説明を、プラトン『ティマイオス』のラテン訳に帰す人――たとえばクリバンスキー(R. Klibansky)――はこの事態を明らかにしえないと思います。

自然の合理的解明の必要性は、アラビアの影響の下ですでにバースのアデラードにより力説されていたことは、前講で述べた通りです。アデラードとシャルトル学派の関係はいまひとつはっきりしませんが、アデラードの『自然の諸問題』が、いちはやくフランスでヘブライ語訳された事実は、この書物が早くからフランスに渡り大きく注目されていたことを示します。そこで、アラビアの影響をうけたアデラードの自然の合理的解明という考えは、シャルトル学派にとり入れられたと推定してよいでしょう。

それにしてもティエリの書物のなかにアラビアの学者の名前は一人もでてきません。それはアデラードのところでも、アラビアの学術に対する微妙な雰囲気について少し触れましたが、十字軍の真最中のことでもあり、あからさまに引用するのは遠慮しなければならなかったかも知れませんが、それよりもアリストテレスやイブン・スィーナーの自然学は当時、西欧世界にとり入れられたばかりで、いかに先駆的なシャルトル学派でもこれを十分に消化しきれてはいません。そこで前から自分たちの伝統のなかに存在していたが十分活用されなかったプラトンの『ティマイオス』を用いた方が手慣れているし、また安心して公けに引用できるという事情があったのではないでしょうか。ちなみに『ティマイオス』もこの世界の形成を合理的に説明しよう（λόγον διδόναι, rationem reddere）とする試みでした。ですから、どんな書物が公けに引用されているかではなく、自然を合理的に説明するという新しい知的雰囲気が十二世紀になってはじめて起ってきたという事実が重要で、そこに――アデラードを介してであれ、何であれ――アラビアの影響があったと思うのです。

実際ティエリの周囲を見ますと、アラビアとの関係が推測されるのです。たとえばティエリの弟子の、カリンティアのヘルマン――さきに『コーラン』をラテン訳した人として触れました――は、プトレマイオスやユークリッドの書物をもアラビア語からラテン訳しましたが、この人はシャルトルから派遣されてスペインに赴き、アラビアの学術文献を研究したのですが、ティエリをたいへん尊敬していて、往復書簡をかわしていますが、ここで彼が研究し、ラテン訳したアラビアの学問のことが、先生のティエリの耳に届かないはずはないでしょう。ティエリがシャルトルの大聖堂の正門のティンパヌムにその像を刻みこませたプトレマイオスやユークリッドは、まさに十二世紀になってはじめてアラビア語からラテン訳され、その学問の全貌が知られるようになったものです。

またティエリとアラビアの学術とのつながりを示唆するものとして、彼がやがて西欧世界の運動論の重要な基盤をつくることになる「インペトゥス理論」の最初の唱導者だということがあります。「インペトゥス」というのは投射体の運動の持続を説明するもので、投げられたものは投げるものから「インペトゥス」という一種の運動力をたたき込まれ、これによって運動を続けるという、いわば近代の慣性原理の中世版といわれているものですが、これは西欧世界に先立って、アラビアのアブル＝バラカートやイブン・スィーナーによって説かれていたもので、やがて十四世紀のスコラの自然学のなかで大きな発展をみるものです。この概念をティエリが十二世紀という早い段階で、簡単にではありますが、触れているのはイブン・スィーナーなどからの影響とみることができましょう。また彼にはアラビアの新プラトニズムの数学観に近いものが見出されます。

それからもうひとつ、当時のアラビアからの影響と言えば、こういう自然の合理的探究ということの他に、実用的学問を重視するという新しい態度がここで生じたということが挙げられると思います。すなわち、ギリシア以来の自由七科の外におかれた機械学（mechanica）や光学（optica）や重さの学（scientia de ponderibus）の重視です。これは実のところアル＝ファーラービーの『諸学の枚挙』（*Iḥṣā al-'ulūm*）における新しい学問の分類によるもので、この書物は十二世紀にクレモナのゲラルドとドミンゴ・グンディサルボによりラテン訳され、とくに後者はこの書に基づいて『哲学の区分』（*De divisione philosophiae*）を書き、ラテン世界で自由七科的学問観を打破して実践的学問の重要性を指摘しました。十三世紀以降の西欧にこうした新学問（機械学、光学、重さの学など）が発展するのは、この影響です。一見、関係がなさそうに思われる十二世紀のサン・ヴィクトルのユグの著作『学問論』(*Didascalicon*)の中に突然「機械学」という分野が現われてくるのも、これと何かつながりがあるかも知れません。

後世への影響

最後に十二世紀における哲学の革新の後世への影響というものを述べておきましょう。

まずティエリを中心とするシャルトル学派における新たな自然研究は、同時代の保守的神学者の反対や誹謗をうけましたが、やがてひとつの伝統をつくり、直接にはヴァンサン・ド・ボーヴェ(Vincent de Beauvais)の『自然の鏡』(*Speculum naturale*)のような書物の中にうけつがれますが、自然の合理的探究という、この派の根本的態度は、むしろアルベルトゥス・マグヌスやロジャー・ベイコンに継承され、これは十五世紀のニコラウス・クサーヌス(Nicolaus Cusanus)にまで続いているといってよいでしょう。そして十七世紀の「科学革命」においてすら、ケプラー(Kepler)、ガリレオ、ニュートンは、シャルトル学派とは全く異なった仕方においてではありますが、やはり自然の合理的探究によって神の認識に達しようとしたのだといえます。

また十二世紀も末になりますと、もうアリストテレスの全著作がラテン訳されて西欧世界に入ってきます。十三世紀になるとギリシア語原典からもラテン訳されます。そうすると、ご存じの通り、アルベルトゥス・マグヌスの弟子で、ベイコンと並ぶ十三世紀の偉大な学者トマス・アクイナスが登場してきて、キリスト教とアリストテレス哲学の統合、つまりアリストテレスという合理的な哲学体系をもって、キリスト教神学をつくり直す、ということをやるわけです。シャルトル学派は自然を合理的に探究しようとしたわけですが、ここではキリスト教の神学そのものを合理的に再編成しようとします。それが勝義の「スコラ哲学の形成」ということであり、「トマスの革新」とも言われております。

またファン・ステーンベルヘン（Fernand van Steenberghen）という人の『十三世紀革命』（原題 *The Philosophical Movement in the Thirteenth Century*,1953）というような本も出版されています。たしかに十三世紀は、アリストテレスやそれについてのアラビアの注釈書を完全に消化することによって、中世西欧の哲学、神学を根本から変えてしまいました。しかしこの変革の源泉はいったい何処にあったのかといえば、それは、言うまでもなく、それに先立つ十二世紀にギリシア、アラビアから、アリストテレスを中心とする諸々の思想がラテン訳されて、どっと入ってきたことが原因となっているわけで、このことがあの本のなかで一行も触れられてないのはおかしいと思います。いわゆる「十三世紀革命」というのは、この「十二世紀ルネサンス」においてとり入れられたギリシア、アラビアの思想的挑戦に対する、西欧キリスト教世界の最初の体系的応戦であったと捉えなければならないでしょう。この頃になると、十二世紀ではまだはっきりとは言及されないアラビアの哲学者たち、とくにイブン・スィーナーやアヴェロエス（Averroes　アラビア名イブン・ルシュド Ibn Rushd）が堂々と顔を出してきて、とくに後者に関しては「アヴェロエス学派」なるものが、パリ大学の学芸学部に、シジェ・ド・ブラバン（Siger de Brabant）を中心として形成され、西欧の思想界を席巻します。

これに対抗したのがパリ大学神学部のトマス・アクイナスの思想ですが、このトマスもアラビア文化に親炙《しんしゃ》したフリードリッヒ二世が創立したナポリ大学で教育され、アラビア学術の光をたっぷりとうけとっているわけです。しかしトマスの段階になりますと、それは単なる受容でなくて、それに対して主体的創造的に対応し自らの立場をつくり上げています。彼の著作『対異教徒大全』における異教徒とはもちろんイスラム教徒が入っているわけで、アヴェロエスの立場が反論されるのですが、その反論の仕方そのものがアラビアの合理主義を受け継いだものであると言ってよいでしょう。「ひとは反論する当の相手から実は最も影響をうけている」ということは、この場合にも完全にあてはまるでしょう。

またトマスの『神学大全』（*Summa theologiae*）には、すでにジルソン（Etienne Gilson）が指摘しているようにマイモニデス（Maimonides）の『迷える者の導き』（*Dalālat al-ḥā'irīn*）――これははじめアラビア語で書かれ、後にヘブライ訳され、それに基づき一二四〇年ごろラテン訳された――に見出されるものと似た考えがあり、トマスは恐らくこれに影響されていたであろうと思われますが、このマイモニデスの著作がまたアラビアの哲学者の影響をうけているのです。というのも神学とアリストテレス哲学との調停という問題は、西欧ラテン世界のスコラ学の主題となるずっと以前にイスラム圏における哲学者の考察の対象となっていたからです。とはいえ、十三世紀においてトマスらが、単なる外来思想の受容にとどまらず、これに積極果敢に応戦し、新しい独創に達し、その後の西欧文明の基盤をつくり上げたことは、まぎれもない事実なのです。

このような西欧文明の離陸を可能にした十二世紀ルネサンスは哲学の面でもギリシア、アラビアの遺産を大規模に移入することによってひとつの大きな転換点をつくりあげたといえましょう。そしてその後の、ヨーロッパ思想の発展は、こうした顕著な「文明移転」なしにはありえなかったと思います。

第四講　シリア・ヘレニズムとアラビア・ルネサンス

一　ヘレニズム文化の東漸

今日は「シリア・ヘレニズム」と「アラビア・ルネサンス」というお話をしようと思います。前回は十二世紀ルネサンスの哲学的側面ということで、シャルトル学派、とくにその中でもシャルトルのティエリの「創世記」解釈における、世界創造の「理性」に基づく自然学的説明の新しい試みについて述べました。従来の、神学的立場から象徴的な解釈をもっぱら行なう態度を超えて、このように自然的世界を合理的に追究してゆこうとする態度が現われてきたのは、すでにバースのアデラードの『自然の諸問題』にみられたようなアラビアからの影響が、直接間接を問わず存在したことの結果であろうと推測しました。

次回には十二世紀ルネサンスの科学的側面に入ろうと思いますが、この領域ではアラビアの影響というものが、もっとストレートなはっきりした形で現われてきます。実際、西欧科学は十二世紀ルネサンスにおいて決定的な転換期に出会うわけで、それまでユークリッドもプトレマイオスもアリストテレスの著作の大部分も知らなかった「暗黒の」西欧世界が、ここにギリシア、アラビアの第一級の学術をとり入れるようになってはじめて世界文明の辺境から脱出して、その後の西欧文明への離陸が開始されるのです。

ところで、ここで問題になるのは、十二世紀において西欧世界がアラビア文明圏から優れたギリシア、アラビアの学術を受けとったわけですが、当のアラビア世界は一体いつどのようにして、そのようなギリシアの優れた科学の伝統を我がものとし、またそれを自らの文明圏のなかで、さらに発展させたのかということです。十二世紀当時においてアラビアと西欧の科学的知識の水準の差が月とスッポンであったとして、アラビア世界はそれまでにどうして「月」の高みまで達していたのかという疑問です。ある著名な西洋史の先生に私が十二世紀において西欧がいかにアラビアから科学を学んだかということを話したとき、「アラビアはどうしてそんなに優れた伝統をもっていたのか」という問いが返ってきたことがありますから、一般の読者の方々にはなおさら、この辺の事情を少し詳しく述べておかねばならないと思います。本講と次講とで明らかにしておこうと思うのはこのことです。

アラブ人というのはもともと砂漠の民で、何もとりたてていうほどの学問的遺産はなかったはずなのに、中世世界においては、十、十一、十二世紀ぐらいにわたって高度の、とくに科学の領域においては世界最高の学術的水準にありました。そういう高みになぜ達しえたのかという問題を解いておかなければならないわけです。

ギリシアにおける科学の発達段階

まずその前に、アラビアにその科学を伝えたギリシアの科学についてふれておく必要があります。ギリシア科学と言ってもいくつかの段階がありまして、第一段階は、ギリシア本土ではなくてイオニアやイタリアの植民地でまず起った科学的な思弁で、タレス（Thalēs）やアナクシマンドロス（Anaximandros）にはじまり、パルメニデス（Parmenidēs）やピュタゴラスを経て、デモクリトス（Dēmokritos）に終る、大体前六世紀頃から前五世紀にかけてのものです。これを「植民期の科学」と名づけておきましょう。

第二段階は、そうした萌芽的科学がギリシア本土のアテナイに移り、さらに体系的、哲学的に発展する時期で、アナクサゴラス（Anaxagoras）にはじまり、ソクラテス（Sōkratēs）、プラトンを経てアリストテレスに結実するわけですが、それが大体前四世紀ぐらいにピークに達します。これを「アテナイ期の科学」と名づけることにしましょう。

第三段階は、科学の中心がエジプトのアレクサンドリアに移り、ここに非常に高度な精密科学が専門的に発達を遂げる時期で、ユークリッド、アルキメデス、アポロニオス（Apollonios）、プトレマイオスなどにより代表されます。これは大体前三世紀ごろから後二世紀ごろまで続きます。これを「ヘレニズム期の科学」と名づけておきます。

そしてアラビア世界にとり入れられた科学というのは、主として、この第三段階の「ヘレニズム期の科学」、つまりギリシアの最高の精密科学で、第一段階の、タレスその他の自然哲学ではありませんでした。しかし第二段階のプラトンやアリストテレスの自然学はとり入れられました。

ヘレニズム科学の行方

ここで問題となる「ヘレニズム科学」が一体どのような運命をたどったかといえば、それはまず、東西ローマが分裂した後、ギリシア語を用いる東ローマ帝国、すなわちコンスタンティノープルを中心とする、いわゆるビザンティン文明圏の方にひきつがれてゆき、ギリシア科学のいちばん高度な良質の部分がここにほとんどすべて集中してしまう。そしてラテン語を用いる西ローマ帝国、我々のいう「ローマ世界」にはほとんど入ってゆかなかったのです。キケロも、「ありがたいことに、ローマ人はギリシア人とちがって、数学などは実際に応用できる有用なものだけに局限していた」といっているように、実用に関係のない理論的な高度な科学は敬遠して関わらないことをローマ人はむしろ誇りにしていました。橋をつくるとか、道路をつくるとか、といった土木工事や軍事技術ではローマ人は非常に才能があり、長所を発揮したのですが、純粋科学はほとんどローマ世界には入らなかったのです。たとえばユークリッドの著作もほんのわずかしかラテン訳されていない。アルキメデス、プトレマイオスにいたっては、その痕跡もないほどです。

さて、その後こうした「ヘレニズム科学」はどうなったかと言えば、それは三つの段階を経て今日に伝達されてきたと言ってよいと思います。第一段階では、それがまずビザンティン文明圏からシリア訳されることによってシリア文明圏に移されてゆきます。これが五世紀から七世紀のことで、このようにして生じたシリア語によるヘレニズム文化を「シリア・ヘレニズム」とよぶことにします。

第二段階では、このようにしてシリア文明圏に入ったヘレニズム学術の伝統が、アラビア訳されることによりアラビア文明圏に移入されます。さらにはシリア訳を介さず、直接ギリシア語の学術文献がアラビア訳されて、ギリシア科学の第一級の遺産が大量にアラビア世界に受けつがれます。これが八世紀から九世紀にかけて起ったことで、これを「アラビア・ルネサンス」とよぶことにします。

第三段階では、アラビア訳されたヘレニズムの学術が、今度はラテン訳されてアラビア文明圏から西欧文明圏に移転されます。これが我々が主題としている「十二世紀ルネサンス」というわけです。ですから、ここで私がいう「十二世紀ルネサンス」とは、こうしたアラビアから西欧への文明移転をさしているのであって、ハスキンズなどのいうのと少しニュアンスが違っているわけです。前にも申しましたように、ヨーロッパ人はだいたいヨーロッパの文脈だけで「十二世紀ルネサンス」というものを考えがちですから、この革新の内的な原因だけを強調しがちです。これに対し、われわれはむしろアラビアと西欧とを等距離において比較文明論的に見てゆきますので、こうした「文明移転」の相貌がどうしても際立ってくるのですが、これは西欧文明圏に属さないわれわれが距離を持って西欧文明の変動を考察しうることの長所でもあるだろうというふうに、最初申し上げました。当然短所もあるでしょうが、いずれにしてもヨーロッパの人のやり方に追随するだけでは、この重要な歴史現象の新しい切口は開かれてこないと思うのです。

さて今日は、「十二世紀ルネサンス」の科学的側面に入る前に、「シリア・ヘレニズム」と「アラビア・ルネサンス」について触れておこうというわけです。

二　シリア・ヘレニズム

「シリア・ヘレニズム」という言葉は実はまだあまり熟しておりません。普通の歴史の本を読んでも、この言葉はおそらく出てこないでしょう。しかし私がここで「シリア・ヘレニズム」と呼ぶ現象は非常に重要なものだったと思います。なぜこのことが今まであまり注目されなかったのかというと、まずシリア語というものがあまり研究されていないために、この辺の事情がよく知られていなかったのです。しかし実は五世紀から七世紀にかけてたいへん重要なことが起ったのです。これはもっともっと研究しなければならないことだと思います。ブロッケルマン（Carl Brockelmann）その他何人かがこれを研究してはいますけれど

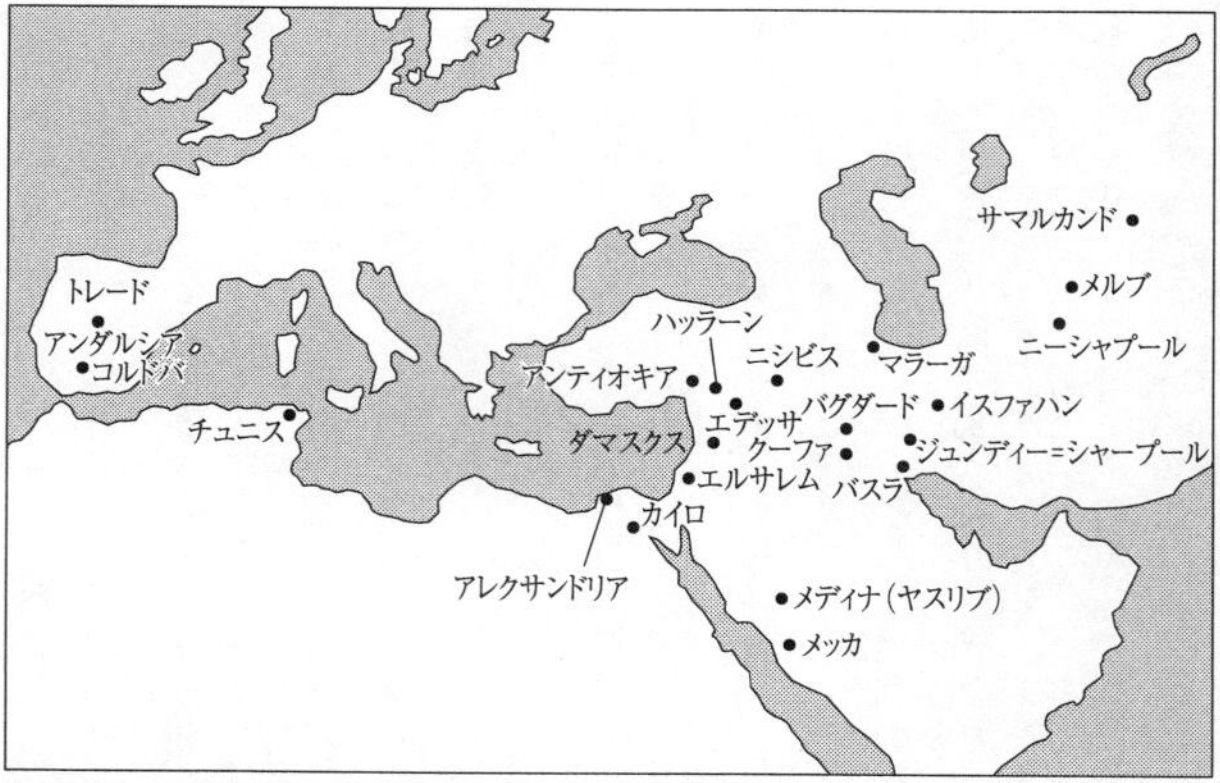

図６　アラビア科学圏

も、世界的にいってもまだ研究者が少ないのです。

もともとこのイスラム以前のアラビア世界には、厳密な意味での科学とか哲学とかいったものはなかったわけで、そういうものは彼ら自身も言っているように、「外来の学」なのです。彼らは学問を分類するときに、自分たちの文化の「固有の学」と「外来の学」とに分けますけれども、数学、天文学、医学をはじめ、論理学や哲学、そういうものはみんな「外来の学」に分類されています。アラビア人は長い間、砂漠のベドウィンとして遊牧や掠奪の生活を続けていました。そのアラビア圏がそういう高い学術を所有し発展させるに至ったのは、ムハンマドが出て以来イスラムが膨張してゆき、エジプトや西アジア一帯に広がってゆきましたが、そのときすでにエジプト、シリア、ペルシアあたりの地域において、ヘレニズム科学というものが吸収されていたという事実があるわけです。

それではエジプトや西アジアのヘレニズム化ということは、どうして起ったかといいますと、それはアレクサンドロス大王の東征にまで遡るわけです。その後シリアのセレウコス朝、エジプトのプトレマイオス朝とか、さらにはペルシアのパルチア王国、ササン朝ペルシアと、このヘレニズムの流れは引き継がれてゆきます。そして五世紀に入ると、いま問題にしている「シリア・ヘレニズム」という形で、新たなヘレニズムの波が西アジアにやってきます。

ネストリオス（ネストリウス）派の西アジア亡命

それは東ローマ帝国——いわゆるビザンティン帝国——を追われた、ネストリオス派らの異端キリスト教徒が西アジアの地域に、ギリシア文化を自覚的に伝播させたことの結果です。ネストリオス派（Nestorian）というのはビザンティンのギリシア正教会を追われたキリスト教の異端ですが、どんな異端かと申しますと、一口で言ってしまえば、キリストは生まれたときは人間であったが、あとからその身体のなかにロゴスが入りこんで行くことによって神になった、だからキリストのなかに神と人間のふたつの性質を認める、という教理をもったキリスト教で、その意味で両性論ともいわれますが、これはコンスタンティノープルの司教だったネストリオス（Nestorios）により支持されました。しかし、この説は四三一年のエフェソスの宗教会議で異端であると宣告され、彼らはビザンティン帝国を追われるのです。

そこでネストリオス派の人々はどうしたかと言えば、まずエジプトに逃れるわけですが、そこで期待した布教の足場を得ることができず、次に西アジアに移り、ここのシリア語を話すキリスト教徒の間で自由な発展をとげることができました。西アジアのどのへんに移ったのかというと、メソポタミアの北方にエデッサという町があります。当時のビザンティン帝国とササン朝ペルシアの国境に近いところです。ここにはすでに三七三年にキリスト教の学校が建てられていましたが、今やここはネストリオス派の拠点となり、彼らは従来のギリシア語を捨てて、シリア語をもって布教をすすめ、自派の勢力を日々拡大してゆきました。

しかし四五七年に当時のビザンティン帝国の皇帝ゼノンが、あそこで異端のキリスト教を教えているのはけしからん、ということで、このエデッサの学校を閉鎖し、再び彼らは迫害を受けるようになりました。そこで、エデッサの学校の学頭バルサウマ（Barsauma）は、ネストリオス派のキリスト教徒をひきつれて、国境を越えてササン朝ペルシアの領内に入ってゆきました。そこでペルシアの総主教のバボワイ（Babowai）に歓迎されて、時のササン朝ペルシアの王ピールーズに謁見することを得ました。バルサウマは彼に、「正教会は東ローマ帝国と固く結びついているが、我々ネストリオス派はこのビザンティン帝国からひどい仕打をうけ迫害されたので、今ではこれから全く分離しており、むしろ敵対的ですらあるのだ」と説明したので、当時ビザンティン帝国と争っていたピールーズ王の信頼を得て、ペルシアに居住することを許されました。

彼らはまずニシビスに学校を開き、ペルシアにおけるネストリオス派の活動の中心としました。これが次第に全中央アジアに勢力を拡大しまして、このネストリオス派のキリスト教徒たちはどんどん東へ東へと伝道の旅を続け、とうとう中国までたどりついたわけです。

実際、マルコ・ポーロ（Marco Polo）が中央アジアから北京への道筋の到るところに見出したというキリスト教教会は、このネストリオス派のものです。今でも西安には、有名な「大秦景教流行中国碑」というのが残っており、かつて長安に留学した空海はこの碑を見ているはずですが、この景教というのはネストリオス派のことです。つまりローマ帝国以外の国々では、キリスト教はまずこのネストリオス派的形態において知られたわけです。

ところで、これらのネストリオス派のキリスト教徒は、自分たちのキリスト教を伝えることに熱心であったばかりでなく、同時に自分たちの神学を擁護するために、その基礎となっているギリシア哲学の教化にも力を注がねばなりませんでした。

これはネストリオス派だけではなくて、一般にキリスト教を広めるに当って、そのキリスト教神学の背後にはギリシア哲学があり、この哲学を用いて神学をつくっているのですから、キリスト教神学と一緒にギリシア哲学をも教え、広めてゆかねばならないという連関があるわけです。ネストリオス派にとっても、このことは同様であって、自分たちの神学を擁護するためにギリシア哲学をも紹介し教育するということになりますが、彼らはビザンティンのギリシア正教会に迫害されていましたから、その公用語であったギリシア語に何ら愛着をもたず、むしろ故意にこれを捨てて、自分たちの教会儀式も、土着のシリア語で行ない、シリア語に訳された聖書、神学書、哲学書を用いました。ここに土着のシリア語でキリスト教神学やギリシア哲学が論じられ、その結果として、アリストテレスの哲学や新プラトン主義を、シリア語でローマ帝国の外の西アジアの地に伝えるということになったわけです。

ところで、そのギリシア哲学の一部にはギリシア科学があり、当時、科学は哲学と分離していませんから、科学も一緒にシリア訳されて入ってゆくということになりました。つまりキリスト教神学、ギリシア哲学、ギリシア科学というのが一連の数珠つなぎになって入ってゆきました。そこで、ギリシアの天文学や錬金術や医学の書物もシリア訳されて消化されてゆくことになります。

さらに、このようにシリア化された科学はササン朝ペルシアの冬の離宮のあった都市、スーサ近郊のジュンディー＝シャープール（Jundī-shāpūr）というところに移ってゆきます。ここでは早くからネストリオス派の学者たちを迎え入れてギリシア文化が吸収されていましたが、とくにこの文化の愛好者であった啓蒙君主ホスロー一世が即位しますと、ここにアレクサンドリアの有名な研究所ムーセイオンに模した立派な研究所をつくり、これに付属病院や天文台を設置して、医学、天文学、数学などの研究を奨励しました。

そこでの教育は、ギリシア語やペルシア語ではなくて、エデッサやニシビスにおけると同様に当時のリングア・フランカ、つまり共通文化語としてのシリア語で行なわれたわけです。そしてカリキュラムの必要上、ガレノスの一連の医学書やヒポクラテス医学の抜萃、アリストテレスの論理学、それに天文学や数学の諸著作もシリア訳がつくられました。また、五二五年にビザンティン帝国の皇帝ユスティニアヌスがアテナイの学校を閉鎖したとき、このギリシア本土における学問の中心を追われた優れた学者たち、シンプリキオス(Simplikios)、ダマスキオス(Damaskios)、プリスキアノス(Priskianos)らをすすんで受け入れ、さらにインドの学者も多く招聘したので、ここジュンディー＝シャープールにはギリシア、インド、ペルシアの伝統的文化が渾然一体となって、その当時の最高の文化的綜合が試みられました。

ジュンディー＝シャープールという町は、ササン朝ペルシアの初期の王シャープール一世が三世紀のなかばにローマの皇帝ヴァレリアヌスの率いる軍隊と戦い、これを徹底的に撃破したとき、ローマ軍の捕虜を収容した所で、「シャープールのキャンプ」という意味ですが、このときローマの技術がここで随分とり入れられたようです。もとはこうしてできた町ですが、やがて王の冬の離宮のあるところとなり、さらにホスロー一世のとき、このように文化的な中心都市となりました。そしてここに培われた一大綜合文化こそ、のちのアラビア科学の成立と発展の基礎となったのです。実際、アラビアのアッバース朝の科学文化のひとつの大きな支柱となったものは、このジュンディー＝シャープールの学派であり、アッバース家代々の侍医となったブフティーシュー家のごときも、ジュンディー＝シャープール出身のネストリオス派に属する人々でした。またアラビア圏最大の翻訳者であったフナイン・イブン・イスハーク（Hunayn ibn Ishāq）その人もジュンディー＝シャープールのネストリオス派のキリスト教徒でした。彼らのことについては、次の「アラビア・ルネサンス」のところでまたとり上げることにしましょう。

このように、アラビアの高い文化はアラビアの中だけではなく、ジュンディー＝シャープールに結集したペルシアの文化を、さらにアッバース朝のときになってバグダードへ移転することにより、はじめて可能になったのです。

シリア・ヘレニズムのもうひとつの担い手

ところでギリシアの学問をアラビア文明圏に伝える媒介の役を果したのは、ネストリオス派のみではありません。もうひとつ、これと対蹠的な異端キリスト教の分派、単性論者（Monophysite）も重要な役割を演じました。むしろ初期においては、ネストリオス派よりこの派の方にギリシアの学術文献のすぐれたシリア訳をつくった人々がいたと言ってよいでしょう。この「シリア・ヘレニズム」のもうひとつの担い手である単性論者とは、どういう異端かというと、ネストリオス派は、さきにも述べたようにキリストに人性と神性の両方を認めるものでしたが、これに対して単性論者は、キリストの人としての性質をまったく神性の中にとり入れて、単一の性になっているとするもので、ネストリオス派の両性論とは対立するものです。しかしそれも異端なのです。

それでは正統は何かといえば、それは神と人と聖霊との三位一体を認める立場です。前講でいったように三位一体というのはなかなかわかりにくい教義です。アウグスティヌスが論じたり、他にもいろいろな神学者が一生懸命弁じていますが、我々にとってはなかなかわかりにくい。むしろネストリオス派とか、単性論者のほうが、ある意味で割り切っていて話の辻褄が合うわけです。

異端というのは、考えてみると、議論を徹底するからそうなるわけですね。つまり曖昧さを残さないで、どこまでも徹底的にロジックを進めてゆくと結局異端になるわけです。それに対して、なにか曖昧にバランスをとっているというのがだいたい正統なわけですね。だから単性論者とかネストリオス派とかの教義が論理的に誤謬であるということは言えないと思うのです。ただ三位一体というものを正統として認めてしまったから、違う立場は異端になるわけです。

この単性論者も、四五一年のカルケドンの宗教会議において異端だと宣告され、ビザンティンのギリシア正教会から追放されます。彼らもネストリオス派と同様に、シリア・メソポタミア地方に出てゆきました。ただ彼らはネストリオス派のように学校を建てるのではなく、修道院において彼らのキリスト教神学や、それを基礎づけるギリシア哲学、さらにそれと結びついていたギリシア科学を研究し、そういう学術文献の優れたシリア訳をつくり出したのです。

この単性論者のうち最も偉大な学者をとり上げてみましょう。その一人は六世紀のラシャイナのセルギオス（Sergios Rashaina）です。彼は医学、哲学、天文学について多くのギリシアの著作をシリア訳し、またそれについて独創的論文ものしました。二十六に及ぶガレノスの著作をシリア訳したことは不朽の功績であり、それはギリシアの科学者の著作がはじめて西アジアの言葉に移された記念碑的事件でした。哲学的著作については、ポルフュリオス（Porphyrios）の『イサゴーゲー』、アリストテレスの『範疇論』、偽アリストテレスの『宇宙論』（*De mundo*）等をシリア語に訳しました。彼はまた論理学について七巻の独創的著作をものしており、天文学については「月の影響」等の論文があります。セルギオスの著作は単性論者のみならずネストリオス派にも影響を与えました。翻訳を含むその幅広い活動は、西のボエティウスに比べることができます。ボエティウスもギリシアの学問のラテン訳を試みました。しかしその質からいっても量からいっても、セルギオスの方が段ちがいに上だったと言ってよいでしょう。ボエティウスの方がはるかに知られてはいますが、それは、ローマ文化にくらべてシリア文化の研究が遅れていたからだと言えます。

もう一人の単性論者の優れた学者――恐らくこの派の最高の学者は、ケンネシュレーの修道院から出た七世紀後半のセヴェルス・セボフト（Severus Sebokht）です。彼は多くの神学書をものしましたが、また同時にアリストテレスの論理学の諸著作『命題論』や『分析論前書』『分析論後書』のすぐれた注釈を書きました。いっそう重要なのは彼の科学的著作です。彼はまず現存しているプトレマイオスの『アルマゲスト』のシリア語版の訳者です。そしてまた『月の相について』『星座について』『獣帯の図形について』等、宇宙論、年代学、地理学についての種々の著作があり、さらにアストロラーベについての貴重な論文や、インド記数法についての言及などもあります。アストロラーベやインド記数法がアラビアに伝わったのは、おそらく彼を介してでしょう。1、2、3、4……というのを我々は今日「アラビア数字」といっていますが、この起源は実はインドにあり、これがアラビアに入ったのです。とにかく彼はシリア語を介して、ギリシアやインドの科学をアラビアに伝えた中心人物の一人であり、それは同時にシリア科学が到達した最高の水準を示しているといってよいでしょう。

次に来るべき「アラビア・ルネサンス」は、この「シリア・ヘレニズム」のあらかじめ耕された土壌の上に、その豊かな果実を実らせることができたのであり、ここには明らかな連続性があります。ちなみに言えば、イスラムがビザンティン帝国と争ったとき、イスラム教徒を解放者として迎え、常にそれと友好関係を保ったのは、実はこれらの異端キリスト教徒たちでした。特に単性論者は西アジアの布教においてもアラブ族の力をかりることが多かった。彼らはビザンティン帝国から迫害されていたので、これに対しては敵対的であり、むしろペルシア人やアラブ人と結びついたのです。このような関係は、ただ一方にキリスト教徒をおき、他方にイスラム教徒を対置させるような単純な図式では理解されません。

エクソダスによる文明移転

ここで少し脱線しようと思います。ギリシアの学術が、ギリシア世界を越えて西アジアに、そしてついにはアラビアに伝播するきっかけとなったのは、異端キリスト教徒がビザンティン帝国を追放されたがゆえでした。そうでなかったら、ずっとビザンティンにギリシアの学問が専有され続けたかもしれません。しかし彼らが異端キリスト教徒として追われたために、それが結果として西アジアのヘレニズム化を惹き起し、やがては「アラビア・ルネサンス」につらなっていったということになるわけです。このように強制されたエクソダスというものが、文明移転にとって、結果的に見ると重要なことだというのは面白い歴史の皮肉ではないかと思うのです。

いくつか例をあげてみましょう。たとえば一四九二年はどんな年だったかといえば、コロンブスがアメリカ大陸を発見した年ですが、同時にそれはカスティーリャとアラゴンが統合されてイスパニア王国がつくられ、それがレコンキスタというものを完了させた年でもあります。レコンキスタというのは、イスラムにより占領されていたスペインの地をヨーロッパ人がとり返してゆく「再征服運動」で、一四九二年に最終的にグラナダが陥落してこの運動は終るわけです。南のいちばん先までイスパニア王国の領土になります。そのときまでイベリア半島では、イスラム教徒とキリスト教徒が互いに戦いながらも共存し、互いに相互作用を及ぼし、そのためにそこでは、きわめてユニークな文化が栄え、そしてアラビア文化のラテン世界への移転ということも非常に活発に行なわれたわけです。そこのユダヤ人もこの文化の交流に大きく貢献しました。

ところがレコンキスタが完了したときから事態は変ってきて、アラブ人が追放されると同時にユダヤ人の迫害が始まるのです。そこでユダヤ人は迫害をのがれて、スペインの地を離れ、イタリアに行ったり、その他ヨーロッパの各地に移住しました。そこで何が起ったかといえば、彼らのカバラ思想が地中海世界に広がるという結果になったのです。ピコ・デッラ・ミランドーラはこのキリスト教カバラの最初の唱導者になったし、アグリッパ (Cornelius H. Agrippa) やロイヒリン (Johann Reuchlin) といった人たちはみんなカバラの影響を受けました。イベリア半島から追放されたユダヤ人たちがカバラ思想というものをいろいろなところにまき散らしてゆきました。それがイギリスへ飛火すれば、ジョン・ディー (John Dee) とか、ロバート・フラッド (Robert Fludd) という人たちの思想を生み出してゆくのです。この辺の事情は、フランセス・イェイツ (Frances A. Yates) の近著『魔術的ルネサンス』(邦訳、晶文社) のなかで、まことにあざやかに描き出されています。

これらユダヤ人がスペインの地から追放されていなかったら、こうした事態は起らなかったかも知れません。

またもうひとつ、ダライ・ラマがチベットから追い出されて、インドに逃れましたが、この異邦の地へ追放されて、彼やその周囲のラマ僧たちは裸一貫でチベット仏教の布教者とならざるをえなかった。そのためにかえってチベット仏教が世界化したということがあります。アメリカでも、そういう追放されたラマ僧たちの影響というのが非常に大きく、いろいろなところで活躍していまして、今日アメリカ人にもアピールしているわけです。いわゆる密教文化の世界化の動きの始まりというわけです。もしダライ・ラマが追放されなかったら、チベットに勉強に行った人だけには知られたであろうけれども、チベット仏教がこれほどまでに世界化したかどうか疑わしいでしょう。

それからまたナチスによるユダヤ人の弾圧という事態も同様の結果をもたらしました。このことによりユダヤ人の学者、文化人が大量にアメリカに移住することにより、アメリカの文化というものを一変させたことはよく知られています。したがってこのような「強制されたエクソダス」による文明移転という現象は、きわめて興味深いものがあります。もちろん、このようなことが行なわれてよいと言っているのではなく、それらは不幸な出来事だったのですが、比較文明的にみると注目すべき結果を生み出したと申し上げているわけです。

一般に文明移転というと、ひとつのものが他のところに移ってゆくというだけのイメージを結びがちですが、実はそうではなく、あるひとつの文化や文明が、他のところに移転すると、その地域のもっている条件と相互作用を起して、そこに新しい文化や文明がさらにまた大きく発展してゆくのです。このことに注目しなければならないと思います。

三　アラビア・ルネサンス

次に、「アラビア・ルネサンス」の問題に入ります。「シリア・ヘレニズム」とは、ビザンティンのギリシアの学術がシリア語に訳されて、シリア文化のなかに吸収されてゆく、ギリシア文明移転の第一段階をさすものでしたが、「アラビア・ルネサンス」とは、このようにシリア訳された学術文献が、さらにアラビア語に移されたり、さらにはギリシア語原典から直接アラビア訳されることにより、アラビア文明圏にギリシアの学術が受容され、アラビアの学術が大いに振興される文明移転の第二の段階を意味します。

イスラムの勃興以前のアラブ人は、砂漠のベドウィンとして遊牧と略奪と通商との生活を続けていましたが、しばしば部族間の対立闘争にふけっていました。しかし七世紀はじめムハンマドが出現したことによってこの事情は一変します。ムハンマドの指導の下にアラブ人はその部族対立の闘争に終止符をうち、イスラムの宗教の下に一致団結し、またたくまにアラビア半島を統一し、続くアブー・バクル、ウマル、ウスマーン、アリーの正統四カリフの時代にはエジプト、メソポタミアの奥深く侵入し、これを恒久的に占拠しました。そして六六一年、第四代カリフ、アリーの一族を亡ぼしたシリア総督のムアーウィヤ(Muʻāwiya)がダマスクスを首都としてウマイヤ王朝を建て、ここに東は中央アジア、南はアフリカ北部、西はイベリア半島南部にわたるアラブの征服事業に一段落がつけられ、イスラム世界はようやくその内部統一の時代に入ります。

しかしこのウマイヤ王朝はそれ以前の宗教的情熱の時代に較べれば、概して世俗的な王朝であり、かつまたアラブ中心主義の王朝でありました。そこでは、アラブの伝統的な文法や韻律学や法学は研究されましたが、いわゆる「外来の学」である哲学や科学にはほとんど関心が示されませんでした。またイスラムに改宗したペルシア人を含む非アラブ人、いわゆる「マワーリー」(Mawālī)はアラブ人でないゆえに疎んじられました。とくにムアーウィヤによって亡ぼされたアリーの一族の系譜にイスラムの正統の継承者を認めるペルシアのシーア派の人々の怨みは深かったと思います。

アッバース王朝の成立

このウマイヤ王朝は、十二代八十八年の後、東ペルシアのホラーサーン地方のシーア派の反乱にはじまる革命によって打倒され、ムハンマドを生んだ名門クライシュ族に属するハーシム家の後裔アブル＝アッバースが七四九年にカリフとなり、ここに新たにアッバース王朝が開かれました。このアッバース王朝の成立は、イスラムの歴史におけるひとつの大きな転回点を形成します。それはイスラム世界のペルシア化ということです。すなわち「アッバース革命」を計画し、遂行し、成功させたのは、ホラーサーン地方のペルシア人であり、したがってこの王朝の政治的首脳部もまたペルシア人によって占められ、またこの王朝自身の家系もしばしば行なわれたペルシア人との結婚によってペルシアの血を濃くしてゆきました。

そもそもこの東部のペルシア人は古くから優れた文化的伝統を有し、またアレクサンドロス帝の東征以来すでにギリシア文化にも深くなじんでいました。たとえば初期アッバース王朝の歴代の宰相を輩出したバルマク家もホラーサーン地方のヘレニズム都市メルブの出身ですが、これはもとはと言えばアレクサンドロスが建てた多くの町のひとつ、アレクサンドリア・マルギアーナにほかなりません。ここにはすでにヘレニズムの文化が浸透しており、このバルマク家のギリシア文化愛好は、やがてアッバース王朝に活発なプロ・ヘレニズムの運動をまき起し、やがて新たに建設された首都バグダードを中心として、ここにギリシア文化研究が急速に勃興し、「アラビア・ルネサンス」が見事に花開くのです。

バグダードに首都を新設し、ここをアラビア文化の中心たらしめんとしたのは、この王朝の第二代のカリフ、アル＝マンスール（al-Manṣūr）です。彼は時の宰相ハーリッド・イブン・バルマクの提言により、七六二年に、バビロニアの時代から「バグ＝ダ＝ドゥ」（Bag-Da-Du　神の園？）の名でよばれていたこの地を新たな都に定めました。かくしてこの新首都に、当時、イスラムの学問の中心となりつつあったバスラやクーファから多くのすぐれた学者が移り住みましたが、とくに重要なことは、当時、ギリシアの学術が最も栄えていた前述のジュンディー＝シャープールから多くの学者が招かれたことです。

その最も有名な一人は、ジュンディー＝シャープールのアカデミーの学頭をしていたネストリオス派のペルシア人、ジルジース・イブン・ブフティーシュー（Jirjīs ibn Bukhtīshūʻ）です。七六五年の彼のバグダード来訪は、アッバース王朝下における真の科学的活動の開始を意味します。実際、その後、このブフティーシュー家の代々の子孫はカリフの侍医となり、アッバース朝の科学文化形成の中心的役割を果すようになります。まずジルジースは四年間バグダードにとどまって、アル＝マンスールの侍医となり、また彼のためにいろいろシリア語の医学書の翻訳に従事しましたが、老齢のゆえに職を辞してジュンディー＝シャープールに戻りました。しかしこの一家のすぐれた医学的伝統に魅せられたカリフ、アル＝マフディーによって、彼の子ブフティーシュー二世が再びバグダードに招かれ、さらにその子ジブリール（Jibrīl ibn Bukhtīshūʻ）は父の後をついでハールーン・アッ＝ラシードの侍医としていろいろな医書を著わすと同時に、バグダードにおけるギリシア科学の振興に最も力を注ぎました。

ハールーンの在世中はちょうどバルマク家の文化政策推進の真最中で、この一族のペルシア・ヘレニズムの権化ヤフヤーを中心として、ジュンディー＝シャープールのネストリオス派の協力を得ながら、シリア・メソポタミア地方の異端キリスト教徒にうけつがれたギリシアの学術を全力をもってバグダードにひき入れるべく努めていたときでした。

そもそもこのバルマク家というのは、「アッバース革命」を助け、アッバース王朝の政治的枢要に参与するようになったペルシア人のうち最も重要な存在で、もともとはバクトリアのバルフにあるナウバハールの仏教僧院の教養ある住職の家柄でした。のちにメルブに移りゾロアスター教に改宗、さらにイスラム教を信奉しましたが、インド、ペルシア、アラビアの諸文化を自らの内に融合し、かつメルブのギリシア文化を熱烈に愛好していた文化的な家系でした。

この家族の長、ハーリド・イブン・バルマクはアッバース朝の初代カリフ、アブル＝アッバースの財務長官となり、さらに二代目のカリフ、アル＝マンスールのとき宰相となりました。またその子ヤフヤーは、一時アルメニアの総督となりましたが、のちにカリフ、アル＝マフディーによってその王子――のちのカリフ、ハールーン・アッ＝ラシード――の教育を委託されました。そしてこのハールーンがカリフとなるや、彼はヤフヤーを全イスラム帝国の宰相とし、絶大な権力を与えました。ヤフヤーは賢明で正しい統治を行ない、彼の指導の下で帝国は未曾有の繁栄を迎えました。ヤフヤーの三人の息子たちもそれぞれ要職につきましたが、八〇三年、いまだによく解明されていない事情によって、この富と権力と名声において最高をきわめたバルマク家も、突然、失脚することになります。

しかしともあれ、アッバース王朝下に開花したこのすばらしい「アラビア・ルネサンス」は、このバルマク家のギリシア学術への強い知的関心と、そのプロ・ヘレニズム運動を支持し推進したアッバース王朝の歴代カリフ、それに彼らの要望に応えてこれを実践したブフティーシュー家を中心とするジュンディー＝シャープールの学者たち、これらがちょうど鼎の三つの足となって初めてもたらされたといってよいでしょう。

アラビア文化の黄金時代

さて七八六年、『アラビアン・ナイト』のなかでも有名な名君ハールーン・アッ＝ラシード（Hārūn al-Rashīd）が第五代のカリフとなるや、彼自身、ペルシア系のバルマク家の人々により教育され、その中心人物ヤフヤーの影響でギリシアやペルシア文化愛好の精神が強く、アラビア史上最大の科学と文芸の保護者の一人となりました。彼の治世下にイスラムのヘレニズム運動は最高潮に達し、ここにアラビアにおける文化的「黄金時代」が現出しました。彼は学者たちにギリシアの科学書を研究させ、またビザンティン帝国としばしば争い、小アジアに出兵するや、そのつど新しいギリシア語のマニュスクリプトを求めて、もち帰りました。このようにして蒐められた新しい資料、とくに医学のそれはジュンディー＝シャープールから来た医者たちの関心の的となり、ただちにシリア訳されました。これらや、また前からシリア訳されていた多くのギリシアの科学文献が、彼の命令でアラビア訳され、またさらにギリシア語原典からのアラビア訳もなされるようになりました。そのなかにはユークリッドの『原論』やプトレマイオスの『アルマゲスト』、プラトンの『ティマイオス』やアリストテレスの自然学的諸著作などのように多くの重要な書物が含まれていました。

さらに彼の息子で、第七代のカリフとなったアル＝マムーン（al-Ma'mūn）も勇敢な軍人であったばかりでなく、ハールーン同様にバルマク家で教育され、高いペルシア・ヘレニズムの教養を身につけた文化人であったので、「アラビア・ルネサンス」のもう一人の強力な保護者となり、大いにヘレニズム科学文化の振興に力を注ぎました。彼もギリシア学術文献のマニュスクリプトを求めてビザンティン皇帝レオン五世に使節を送るほどの熱意を示し、また八一五年ごろにバグダードに「知恵の館」（Bayt al-hikma）と称する研究所をつくり、それに大規模な図書館や天文台を附設し、多くの学者、文化人を集めて、研究を行なわせました。この研究所は、おそらくアレクサンドリアの有名な研究所「ムーセイオン」の建設以来、最大の研究機関であったと思われます。シリア語やギリシア語からの翻訳が史上まれにみる大規模な仕方で行なわれたのも、この研究所においてです。バグダードのほかにタドモル（パルミラ）の平原にも天文台をつくり、ここと他の一ヵ所の緯度を測定させて、地球の大きさを決めようと試みました。

このように彼自身科学的志向の強い人でしたが、神学でも人間の理性を重んずるムアタズィラ派（mu'tazila）を保護し、この派の考えを支持する論も、ものしています。ムアタズイラの神学は「タウヒード」(tawhīd 神の唯一性)を強調するものですが、ここでは『コーラン』といえども人間の理性により判断し納得がゆくように解釈すべし、という考え方であって、科学思想の発展には最も適したものでした。彼の時代のこの自由主義的な雰囲気の下に、アラビア科学は、ハールーン・アッ＝ラシードの時代に続き、それに勝るとも劣らないほどの隆盛を示しました。

こうしたアッバース王朝初期に活躍したアラビアの科学者として、錬金術のジャービル・イブン・ハイヤーン、哲学のアル・キンディー、代数学のアル＝フワーリズミー、天文学のアル＝バッターニー(al-Battānī)、医学のアッ＝ラーズィー(al-Rāzī)など、それこそアラビア科学を代表するような人びとが、きら星のごとく並ぶわけですが、本講ではアラビア科学そのものを述べるのが目的ではなく、また彼らの業績については拙著『近代科学の源流』(中央公論社)に譲り、ここでは「アラビア・ルネサンス」の直接の担い手、つまり、ギリシアの科学文献をアラビア訳することにおいて最も重要な貢献をなした二人の人物についてだけ述べておきましょう。この二人こそ「アラビア・ルネサンス」の文明移転において主要な役割を果した翻訳の巨人です。

翻訳の巨人達

その一人はフナイン・イブン・イスハークです。彼の生涯についてはアリー・イブン・ヤフヤー（Alī ibn Yaḥyā）という人物に宛てた伝記風の手紙が残っていて、それでだいぶ明らかになるのですが、彼はユーフラテス河畔クーファ近郊のヒーラの町の出身者で、ネストリオス派のキリスト教徒の薬剤師の息子として生まれました。

彼はまず前述したジュンディー＝シャープールの学校に入り、そこで医学を学び、イブン・マーサワイフ（Ibn Māsawayh）という大家の講義に出て、その才能を大いに認められました。しかし後にあまりうるさく質問してマーサワイフを悩まし、彼の癇に触れてジュンディー＝シャープールの学校から追いだされたといわれています。その後、「ルーミーの土地」、すなわちビザンティンに赴いてギリシア語文献をよく読み、同時にアレクサンドリアで発展した文献批判学の方法を身につけました。それからバスラにおいてハーリド・イブン・アフマド（Khālid ibn Aḥmad）という人についてアラビア語を本格的に学び、八二六年頃バグダードに来て、ブフティーシュー家のジブリールの保護を得て、彼のためにガレノスの著作の翻訳に従事しました。

その翻訳のすぐれた出来ばえに深く感銘したジブリールは、当時、ギリシア科学研究の最大のパトロンであった「ムーサーの三兄弟」（バヌー・ムーサー Banū Mūsā）にフナインを紹介しました。このムーサー三兄弟の父親ムーサー・イブン・シャーキルはホラーサーン地方で掠奪をこととする盗賊で、そのことにより巨万の富を得ましたが、後に改心してその財を学芸の保護育成に投じました。その三人の息子はアル＝マムーンの宮廷のすぐれた学者たちにより教育され、すぐれた文化人となり、長男のムハンマド（Muhammad）は天文学と幾何学において、次男のアフマド（Aḥmad）は力学において、三男ハサン（Ḥasan）は幾何学において、それぞれすぐれた業績を残しました。

彼らは父親の遺志を継いで、その富を文化人の保護に当てましたが、とくにフナインをそのすぐれた翻訳の才能のゆえに厚く遇しました。そして八二八（八二九）年にジブリールが歿するや、彼をカリフ、アル＝マムーンに紹介し、ジブリールの示唆で新設された研究所「知恵の館」における翻訳の仕事を委ねることにしました。そこでフナインは多くの協力者を得ながら文化史上稀に見る巨大な翻訳事業にのり出し、ガレノス、ヒポクラテス、ユークリッド、プトレマイオス、アリストテレスその他のギリシアの科学書をほとんどすべてアラビア語に訳しました。その翻訳はギリシア原典をまずシリア訳し、それをさらにアラビア訳するというやり方でした（ちなみに彼の母国語はシリア語です）。この場合にシリア訳がすでに存在するときはそれを利用しましたが、しかしそれをうのみにはせず、できる限りギリシア原典とつき合わせてその意味を確めました。

その後ギリシア語から直接アラビア訳するようになると、バヌー・ムーサーの財政的援助で常によりよいギリシア原典の写本が求められました。彼がここで行なった翻訳や文献批判の方法は、全く近代のものを思わせるほどすぐれたものでした。

皆さんにお渡ししたテクスト（図7）は、ギリシアの有名な医者ヒポクラテスの『人間の

المقالة الثالثة من كتاب
طبيعة الانسان فى تدبير الأصحّاء

(وهى المقالة التى يذكر كثير من المفسّرين
أنّ فولوبس تلميذ أبقراط وضعها)

قال : على هذا ينبغى أن يكون تدبير العوامّ [١] من الناس ينبغى أن تستعمل فى الشتاء من الأطعمة أكثر ممّا تستعمل فى سائر أوقات السنة [٢] وأمّا الشراب فيكون ما تشرب منه قليلا جدّا وينبغى أن يكون الشراب أقلّ مزاجا وأقوى ممّا تستعمل [٣] فى سائر الأوقات وينبغى [٤] أن تختار من الأطعمة الخبز وأمّا الادام التى [٥] يتأدّم بها فتكون جميعها مشويّة وتستعمل من البقول فى هذا الوقت من أوقات السنة أيبس [٦] ما يكون فانّك اذا فعلت ذلك صار مزاج البدن حارّا يابسا فى غاية ما يمكن واذا [٧] جاء الربيع فينبغى أن يزاد فى الشراب ويكسر بالماء وتنقص من الطعام قليلا قليلا وتختار منه ما هو أقلّ غذاء وأرطب وتستعمل مكان الاستكثار [٨] من

図7　フナインによるヒポクラテス『人間の自然性について』のアラビア訳テクスト

自然性について』（*Περὶ φύσιος ἀνθρώπου*）という論文をフナインがギリシア語の原典から直接アラビア訳したものです。アラビア語の表題では、*Kitāb buqrāṭ fī ṭabī'at al-insān* となります。「キターブ」というのは本の意味で、「ブクラート」というのは、ヒポクラテスという固有名詞がアラビア語になるとこうなってしまうのです。「フィー」というのは英語の「イン」に相当しますが、ここでは「について」の意味です。次の「タビーアトゥル・インサーン」は、人間の本性、自然性（the nature of man）ということです。

このアラビア訳をギリシア原典と較べてみますと、びっくりするぐらい正確です。もっともところどころ、これはどうかというところもありますが、大体として非常に正確であるといえます。ギリシア語は印欧語であり、アラビア語はセム語であり、語系を全く異にしますから、直訳というのは不可能で、それを強行すれば、意味不明となります。フナインはこのふたつの言語の文法構造の違いをよく心得ていて、ギリシア原文の意味をまずよく汲みとり、それをアラビア語特有の文章構造で適切に表現してゆくという操作を実によく行なっています。このふたつの異なった言語体系の間で、意味をよくとって、表現形式の転換を巧みにやっているのです。見事なものだと思います。

これを後に述べる「十二世紀ルネサンス」における翻訳——これはアラビア語からラテン語へ——の場合と比較してみることは興味があります。「アラビア・ルネサンス」のフナインに比較さるべき「十二世紀ルネサンス」の翻訳の巨人は、疑いもなくクレモナのゲラルドでしょう。彼のアラビア文献のラテン訳はきわめて優れている、と学者の間でも高く評価されているのが通常です。

なるほど彼の厖大な翻訳事業の功績が大きいことはいうまでもなく、そのラテン訳のテクストは貴重です。しかしフナインにくらべれば、アラビア語とラテン語というふたつの言語の本質的な違いについてあまり自覚的ではなく、しばしば機械的直訳という、いわゆる slavish translation に陥っているところがあります。たとえばアラビア語には mā……min という文章構造があって、mā は先行詞を含む関係代名詞で英語の what に相当する「何々するところのもの」の意味ですが、min は通常、英語の from に相当しますが、ここでは先行する関係名詞句の内容を説明するもので、「説明のためのミン」(ミン・リッタブイーニ) といわれるものです。ゲラルドはこれを quod (what) ……ab (from) と機械的にラテン語に移しかえていますが、これではラテン語としては全く意味をなしません。こうしたことは「アラビア・ルネサンス」と「十二世紀ルネサンス」の文化史的状況の違いを示唆していると思います。つまり、「アラビア・ルネサンス」の場合は、シリア文化を仲立ちとし、このシリア文化はすでにギリシア文化を深くうけ入れていたので、この間に大きな文化的落差がなく、それだけスムーズに進行したのですが、「十二世紀ルネサンス」において西欧がアラビア文化をうけ入れたときには、この落差は大きく、まさに暗黒に光を投ずるような試行錯誤のきびしい過程を歩んだ、といえるような気がします。このことには、また次講で触れますが、今はフナインの翻訳の話の脱線として述べておきます。

さてアル＝マムーンが薨じて、その子アル＝ムアタスィム（al-Mu'tasim）の時代になると、トルコの奴隷兵の反乱などによって世情騒然となり、「知恵の館」も一時閉鎖されましたが、第十代カリフ、アル＝ムタワッキル（al-Mutawakkil）の時代になると再開され、フナインもまたここで仕事を続けることになります。アル＝ムタワッキルの治世下は、いわゆる宗教的反動の時代で、フナイン自身もイスラムに改宗せず、終始ネストリオス派のキリスト教徒で通したため、いろいろな悶着に巻きこまれましたが、アル＝ムタワッキルやその後継者の理解の下でよく研究を持続して、アル＝マムーンのときよりも充実した仕事をしています。

彼および彼のグループの翻訳は、大小とりまぜれば全体で百以上にのぼり、ギリシア科学の重要な文献はほとんどみなアラビア訳されました。フナイン自身も翻訳のほかに『潮汐について』『流星について』『虹について』等の著作をものし、とくに後にラテン訳された『ガレノス医術入門』（*Isagaoge Johannitii ad tegni Galeni*）は中世を通じて大きな名声を得、ちょうどそれは論理学におけるポルフュリオスの『アリストテレス論理学入門』に匹敵するものとされました。そのほかシリア語文法やシリア語の百科事典も編んでおり、前述したラシャイナのセルギオスのシリア語文献十六篇をアラビア訳しています。

彼の厖大な翻訳事業には多くの協力者がいましたが、その中でまず重要なのは息子のイスハーク・イブン・フナイン（Isḥāq ibn Ḥunayn）と甥のフバイシュ・イブン・アル＝ハサン（Ḥubaysh ibn al-Ḥasan）で、今はフナインに帰されている多くの翻訳の中には、実質的にこの二人の手になるものも多いといわれ、とくに数学書、天文書の翻訳には前者の協力が大きく、医学書の翻訳は後者によるところが多いと思われます。またギリシア医学書の翻訳に功績があり、オリバシオス（Oribasios）の著作をアラビア訳したイーサー・イブン・ヤフヤー（ʿĪsā ibn Yaḥyā）も言及に価する弟子ですし、ディオスコリデス（Dioskoridēs）の書をアラビア訳したイスティファン・イブン・バースィール（Iṣṭifan ibn Bāsīl）もフナインの門人でした。後世のすぐれたアラビアの翻訳者たちも、なんらかの仕方でフナインの学統につらなるものが多いといえます。

さらにもう一人、「アラビア・ルネサンス」における翻訳の巨人を挙げるとなると、それはサービト・イブン・クッラ（Thābit ibn Qurra）です。彼は半世代フナインより後の人ですが、フナインのようにネストリオス派のキリスト教徒ではなく、ギリシア系の異教を奉ずるサービア教徒（Ṣābiʾa）です。この派は独特の天体崇拝と、ギリシアのパンテオンに由来する名称の神々をもち、とくにハッラーンの町を根拠地としていました。ハッラーンはメソポタミアの文化都市エデッサとラシャイナにはさまれ、ネストリオス派や単性論者の文化運動の余波をうけていましたが、新プラトン主義の色彩の強い自分たちの宗教を捨てることはありませんでした。サービトはこのハッラーンの市場の両替屋の息子に生まれましたが、後

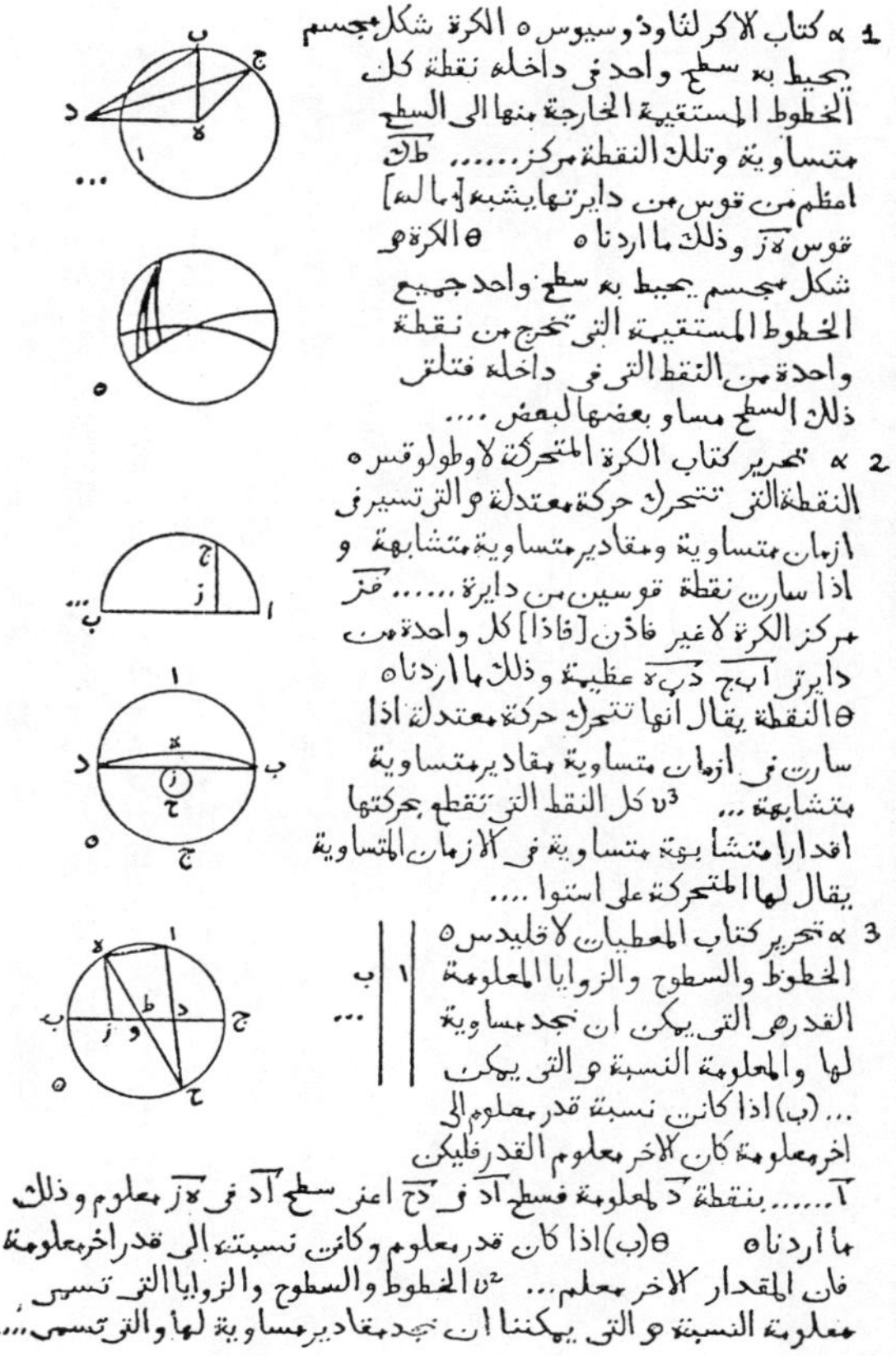

図８　サービトによるアラビア訳
1 はテオドシオスの *Spherica*,　2 はアウトリュコスの *De sphaera mota*,　3 はユークリッドの *Data*.

に哲学を学び、ギリシア語、シリア語、アラビア語に通じた大学者となりました。彼には百五十に及ぶ論理学、数学、天文学、医学に関するアラビア語の著作ないし翻訳があったと伝えられていますが、実際に同定できるものは、そんなに多くはありません。また彼の翻訳といわれているものも、少し前になされたフナインの翻訳を改訂したものもあります。

さて八七二年に宗教上の争いで、ハッラーンの町を追われた彼は、各国を巡った後、たまたま「バヌー・ムーサー」の長兄ムハンマドに出会い、その才能を認められてバグダードに迎えられ、そこに翻訳学校を建ててフナイン同様に多くの弟子とともにギリシア学術書の翻訳に専心しました。アポロニオス、アルキメデス、ユークリッド、テオドシオス (Theodosios)、プトレマイオス、ガレノス、アウトリュコス (Autolykos)、エウトキオス (Eutokios) 等、ギリシア科学の重要な著作が、彼または彼の指導する弟子たちの手でアラビア訳され、すでに存在したフナインの訳の多くも彼の手で改訂されました。彼のなしたギリシアの科学書のアラビア訳の実例を図8に挙げておきます。1がテオドシオスの『球面論』(*Spherica*) の一節、2がアウトリュコスの『天球の運動について』(*De sphaera mota*) の一節、3はユークリッドの『与件』(*Data*) の一節です。

彼はまたムハンマドによる太陽運動の観測記録を利用し、それに関する一書を著わしていますが、ここで彼は「震動」(trepidatio) という新しい考えを出し、プトレマイオスの八つの天球にさらに第九の天球をつけ加えたことは有名です。その他に数学では放物面の求積や友愛数の理論の考察があり、また力学では天秤についてのすぐれた著作『カラストゥーンの書』(*Kitāb fī al-qarasṭūn*) があります。

また彼の弟子には、カリフ、アル＝カーヒル (al-Kāhir) の侍医となったアブー・サーイード (Abū Sa'īd) やサービトのシリア語の論文をアラビア訳したイーサー・イブン・アサド (Īsā ibn Asad) がいます。実際サービト・イブン・クッラはフナイン・イブン・イスハークと並んで、ギリシア科学のアラビア文明圏への移入をリードした「アラビア・ルネサンス」の、もう一人の旗手といえましょう。

アラビア訳されたギリシア科学書一覧

さてこの講の最後に、「アラビア・ルネサンス」においてアラビア訳されたギリシア科学書の一覧表を掲げておきましょう。この表は、私がウィスコンシン大学で学位をとった頃、フリューゲル (G. Flügel)、ウェンリヒ (F. Wenrich)、シュタインシュナイダー (M. Steinschneider) などの文献学的研究を調査し、かなり骨折ってつくったものですが、今日ではさらに後に出たセズギン (F. Sezgin) の著作をも参照し、遺漏なきを期さなければならないと思います。(追記――学術文庫に収めるにあたり、三浦伸夫氏により大幅に補訂された。) 当時、私の関心の領域であった数学、天文学、自然学の領域での有名な学者の著作の翻訳をとり上げ、生物学、医学やさらに哲学の領域での翻訳の調査は残しておりますが、しかし、これだけでもフナインやサービトとその周辺の人々の翻訳活動を彷彿させるには十分でしょう。

表1「アラビア・ルネサンス」におけるアラビア訳ギリシア科学書一覧

I　数　学

ギリシアの著者	ギリシアの著作	アラビア訳の名称	アラビアの訳者
(A) ユークリッド	1) Elementa	Uṣūl al-handasa	al-Ḥajjāj, Isḥāq ibn Ḥunayn(corr. Thābit ibn Qurra), al-Dimishqī (Vol. X).
	〔注　釈〕		
	(a) Heron		al-Nairīzī(?)
	(b) Pappus		al-Dimishqī
	(c) Simplicius		al-Nairīzī
	〔アラビアの注釈〕		
	(a) al-Nairīzī, (b) al-Karābīsī, (c) al-Jawharī, (d) al-Māhānī, (e) Nazīf al-Qass, (f) al-Khāzinī, (g) Abū al-Wafā’, (h) Ibn Rāhawaih, (i) al-Anṭākī, (j) Sind ibn ‘Alī, (k) al-Rāzī, (l) ibn Abdalbāqī		
	2) Phaenomena	al-Ẓāhirā	‘Abī ibn Yaḥyā
	3) Optica	Ikhtilāf al-manāẓir	Ḥunayn(corr. Thābit)
	4) Data	al-Mu ‘ṭayāt later, al-Mafrūḍā	Isḥāq ibn Ḥunayn(corr. Thābit)
	5) De divisione	fī al-qisma	unknown(corr. Thābit)
(B) アルキメデス	1) De sphaera et cylindro	al-Kurra wa’l-usṭuwāna	Isḥāq ibn Ḥunayn(?)(corr. Thābit)
	2) De mensura circuli	Misāḥa al-dā’ira	Thābit ibn Qurra
	3) On Triangles	al-Muthallathāt	Yūsuf al-Khuri al-Qass(corr.

			Thābit)
	4) On Parallel Lines	al-Khuṭūṭ al-muta-wāziya	
	5) Lemmata	al-Ma'khūdhāt	Thābit ibn Qurra
	6) De lineis spir-alibus	Khuṭūṭ laulabīya	
(C)アポロニオス	1) Conica	al-Makhrūṭāt	al-Ḥimṣī(Book I-IV), Thābit (Book V-VII)
	〔アラビアの注釈〕 (a) Ibrahīm ibn Sinān, (b) Ibn al-Haytham		
	2) De sectione rationis	Qaṭ' al-khuṭūṭ 'alā al-nisab	anonym.
	3) De determinata sectione	al-Nisba al-maḥdūda	rev. Thābit
(D)ディオパントス	1) Arithmetica	Ṣinā'at al-jabr	Qusṭā ibn Lūqā
	〔アラビアの注釈〕 (a) Ibn al-Haytham, (b) Abū al-Wafā'		

II　天文学

ギリシアの著者	ギリシアの著作	アラビア訳の名称	アラビアの訳者
(A)プトレマイオス	1) Almagest	al-Mijisṭī	Abū Hassān & Sallam, al-Ḥajjāj (corr. al-Nairīzī, Abū al-Wafā'), Isḥāq ibn Ḥunayn(corr. Thābit, al-Battānī), Sahl al-Ṭabarī, Ibrā-hīm ibn al-Salt

〔アラビアの注釈〕

(a) Abū Naṣr, (b) Aḥmad ibn Muḥammad, (c) Aḥmad ibn Muḥammad al-Sauri, (d) Ibn Rushd, (e) Ibn Sīnā, (f) al-Bīrūnī, (g) al-Fārābī, (h) al-Khāzinī, (i) ibn al-Haytham, (j) Ibrāhīm ibn Sinān, (k) Kadinadeh Rami, (l) al-Kindī, (m) Abū Nasr Manṣūr, (n) al-Masīnī, (o) al-Nairīzī, (p) Nizām al-Dīn, (q) ibn Riḍwān, (r) Samarqandī, (s) al-Shīrāzī, (t) Shākr, (u) Thābit, (v) al-Ṭūsī, (w) Abū al-Wafā', etc.

2) Quadripartitum	Kitāb al-arba‧ a	Abū Yaḥyā al-Baṭrīq, Ibrāhīm ibn al-Ṣalt(corr. Ḥunayn)

〔アラビアの注釈〕

(a) Umar ibn al-Furrukhān, (b) Ibrāhīm ibn al-Ṣalt, (c) al-Battānī, (d) ibn Riḍwān

3) Hypothesis	Iqtiṣāṣ aḥwal	anonym. (corr. Thābit)
4) Centiloquium	al-Ṭamara	
5) Geographia	Kitāb jugrāfīya	al-Kindī, Thābit
6) Planispharium	Tasṭīḥ al-Kura	Thābit
7) Optica	fī'l-Manāẓir	ibn al-Haytham(?)
8) Canon		Ayyūb

(B) ヒッパルコス

1) Liber de Arithmetica		
2) Liber de distantiis Solis et Lunae	Ṣinā'at al-jabr wa-yu'araf bi'l-hulūd	Abū al-Wafā'
3) Division of Number	Qismat al-'adad	

(C)アリスタルコス	1) Book of Bodies of Sun and Moon	Kitāb al-jurum	Qusṭā ibn Lūqā, Abū al-Wafā’
III　自然学			
ギリシアの著者	ギリシアの著作	アラビア訳の名称	アラビアの訳者
(A)プラトン	1) Timaeus	Timāus	ibn al-Baṭrīq, Ḥunayn(corr. Thābit, Yahya ibn ‘Adī)
(B)アリストテレス	1) Physica	al-Samā’ al-ṭabī‘ī	
	〔注　釈〕		
	(a) Alexander Aphrodisias		Abū Rāu’ḥ al-Ṣābī(corr. Yaḥyā ibn ‘Adī)(Book I), Yaḥya ibn ‘Adī(from Ḥunayn’s syr. trans.)(Book II)
	(b) Johannes Philoponus		Qusṭā ibn Lūqā(I-IV), Ibn Nā‘ima al-Ḥimṣī(V-VIII)
	(c) Simplicius		
	(d) Porphyrius		ibn Bāsīl
	〔アラビアの注釈〕		
	(a) ibn Karnīb, (b) Thābit, (c) Qudama, (d) al-Fārābī, (e) al-Rāzī (f) Abū ‘Alī al-Ḥasan, (g) ibn al-Haytham, (h) ibn Riḍwān, (i) ibn Bājja, (j) ‘Abd al-Laṭīf, (k) ibn Rushd		
	2) De caelo et mundo	al-Samā’ wa’l-‘ālam	ibn al-Baṭrīq(corr. Thābit), al-Kindī, Isḥāq ibn Ḥunayn, Abū al-Faraj(cit. Averroes)
	〔注　釈〕		
	(a) Alexander		

	〔注　釈〕		
	(a) Olympiadorus		Abū Bishr Mattā
	(b) Alexander		ibn ʻAdī
	〔アラビアの注釈〕		
	(a) al-Fārābī, (b) ibn al-Haytham, (c) ibn Bājja		
(C)ユークリッド	1) De ponderoso et levi	al-Thiql wa'l-khiffa	anonym.(corr. Thābit)
	2) De canonio	fī'l-Mīzān	Banū Mūsā(?)
(D)アルキメデス	1) On Water Clock	Ālat al-sāʻa	
	2) De iis quae in humido ve-	fī'l-Thiql wa'l-khiffa	

(E)〈ロン〉

huntur		
1) Solution of Problems	Ḥall shukūk Uqlīdis	
2) Book of Method	‘Amal bi’l-asṭurlāb	
3) Mechanica	Shaīl al-athqāl	Qusṭā ibn Lūqā
4) Pneumatica	Kitāb al-ḥiyal al-rūḥānīya	Qusṭā ibn Lūqā(?)

第五講　アラビアから西欧へ

一　西欧におけるアラビア学術の移入

前講においてシリア・ヘレニズム（五世紀から七世紀にかけて、ビザンティンのギリシア文明が中東地域一帯にシリア語に翻訳され伝達された文明移転）とアラビア・ルネサンス（八世紀中葉から九世紀にかけて、ギリシアの学術文化がバグダードを中心にアラビア語化され、アラビア文明圏に伝達され復興された運動）について述べました。このようにアラビア文明圏に移転されたギリシア文明の遺産を、さらにバビロニア、エジプト以来のオリエントの文明、ペルシアの文明、インドの文明、また遠く中国の文明の一部をもとり入れ、融合させつつ発展させ、アラビアの学術は十一世紀において頂点に達します。それは、イブヌル＝ハイサム（アルハーゼン）、アル＝ビールーニー、イブン・スィーナー（アヴィセンナ）の時代であり、アラビア学術の黄金時代を形成し、当時の世界中のエクメネー（可住地域）を見渡しても最高の水準に達していました。

このように隆盛の極にいたったアラビアの学術を今度は西欧世界がとり入れ、自己の文化の土壌の上に発展させてゆくことになるわけですが、それが十二世紀西欧における「大翻訳時代」の出現です。ここにおいてアラビア語で表現されているギリシア、アラビアの学術が大量にラテン語に移され、アラビア文明圏から西欧文明圏への学術移転・文明移転が遂行されるのです。

カタルーニャ（カタロニア）経由のアラビア文明

本講では、「十二世紀ルネサンス」の核心ともなるこうしたアラビアの学術の西欧への移入の問題を取り扱おうと思いますが、西欧世界のアラビア文明との接触は、実は十二世紀に急に始まったわけではありません。それは十世紀の中葉にまで遡ります。その接触の舞台はカタルーニャです。現在スペインの北東の端を占めているこの地方は、一時はイスラムの勢力圏にはいり、後にはバルセローナ伯領として西欧文明圏に属した、というように、まさしく西欧とアラビアの接点となったところでした。当時の西欧文明圏のイスラム文明圏への突出部を形成し、後者への窓口となったと言ってもよいでしょう。

このようなアラビア文明圏と西欧文明圏が混合した地域には、「モサラベ」(mozárabe「アラビア化した人」をさすアラビア語 mustʻarab が転訛したスペイン語）と称される、アラビア文化に同化したキリスト教徒のスペイン人も数多く存在していました。彼らはイスラムの領主に仕え、アラビア人と平和的に共存していました。こうした地域が西欧文明圏に入ったとき、アラビア語とラテン語をともによくした彼らがアラビア文献をラテン訳して、アラビアの学術文化を西欧世界に伝える最初の役割を果すようになったのは、当然のなりゆきでしょう。また、この地方の西欧文明圏に属する知識人も、コルドバを「世界の宝」とよんだように、アラビア文明に対する憧憬は大きく、モサラベやユダヤ人を介して、常にそれと接触を保とうと望んだのでした。

このようにしてでき上がった、われわれが確かめうる限りでの最も古い、アラビアの科学文献のラテン訳は、カタルーニャのピレネー山脈のふもとにあるベネディクト派の修道院サンタ・マリア・デ・リポーユ（Santa Maria de Ripoll）の写本のなかに見出されます（現在はアラゴン王立文書館の所蔵）。すなわちその MS Ripoll No.225 は、アラビア語の音訳を数多くちりばめ、明らかにアラビアの原典に拠ったと思われる一連の自然科学の論文を含んでおり、その内容は算術、天文学、暦計算に及び、その書体からして十世紀の末に書かれたものと思われますが、このラテン訳の成立そのものは十世紀中葉に遡ると考えられています。

今その代表的なものを挙げれば、『アストロラーベの構成について』（*De mensura astrolabii*）『アストロラーベの使用について』（*De utilitatibus astrolabii*）『著者不詳の幾何学』（*Geometria incerti auctoris*）などです。第一と第二の論文は、それぞれアラビアの有名な天文学者で占星術師であったマーシャーアッラー（Māshā'allā）のアストロラーベに関する書物（アラビア原典は失われた）の第一部および第二部に拠ったものと推定されています。当時の西欧人がこのアラビア伝来の新しい天体観測器に寄せた強い関心がうかがわれます。第三の論文はいろいろな幾何学的測定法を問題としており、明らかにギリシアとは異なるアラビア起源のものですが、その原本はいまだ明らかになっていません。

こうしたリポーユ写本は徐々にヨーロッパに拡がっていったようで、今日でもローマのヴァチカン図書館やパリの国立図書館、ロンドンの大英博物館には、十一世紀のこれらの写しと思われるものが存在しています。しかしこのように流布したリポーユ写本のどこにも、その訳者の名前が記されていませんから、この知られる限りでのアラビア科学書の最初のラテン訳者（たち）――おそらくカタルーニャのモサラベであろう――の名前はわかりません。

一九七八年の春、私はバルセローナから汽車に乗り、ピレネー山脈の麓を北上しながら、今でもカタルーニャ語の用いられているサンタ・マリア・デ・リポーユのひっそりとした町を訪れました。そこには素晴しいロマネスクの寺院があり、それに隣接した修道院はもう博物館になっていましたが、ここでアラビアの学問の最初のラテン訳にいそしんだ、これら名の知れない人々の努力のあとを偲びました。

さて、西欧のアラビア世界との接触で最初に名の知られている人物は、のちにローマ法王シルヴェステル二世となったゲルベルトゥス（フランス名ジェルベール Gerbert）で、オヴエルニュのオーリヤックに生まれ、ランスで教え、ラヴェンナの大司教を務めたのち、フランス人として初めて法王に推されました。その二十代の若き日（九六七年から三年間）バルセローナ伯のボレル二世に引き取られ、このカタルーニャの地でアラビアの学問に接し、ビックの司教アットン（Atton）の下で、数学と音楽の研究に大きな進歩をとげました。彼はランスの司教座聖堂付属学校で、この新知識に基づいて多くの弟子たちを教えました。のちにシャルトル学派を開くことになるフルベルトゥス（Fulbertus）も彼の弟子です。彼はこの北方の地にあっても、なおカタルーニャのモサラベとの連絡を失わず、アラビアの科学書のラテン訳を送るように要請してやみませんでした。そのなかにはヨセフス・ヒスパヌス（Josephus Hispanus）と称するモサラベによってラテン訳された著名なアラビアの数学者アル＝フワーリズミーの、アラビア数字を用いた算術書『数の乗法と除法の書』（*De multiplicatione et divisione numerorum libellus*）がありました。実際、ヨーロッパにおけるアラビア数字の最初の移入は、このゲルベルトゥスを介してであろうと思われます。

スペインの科学史家ミリャス＝バリクロサ（J.M.Millas-Vallicrosa）の推測によれば、ゲルベルトゥスはさきのリポーユ写本を見ていたにちがいない、ということです。なるほど、彼の滞在したビックの町はサンタ・マリア・デ・リポーユからほど遠くない場所にありますから、このことは可能だったでしょう。実際、彼のアストロラーベの知識などはこれによっていたと思われます。時の法王を驚かせ、ランスの弟子たちを驚嘆させ、そのため超自然的能力の持主（魔術師　magicus）という伝説すら生じた彼の斬新な学識は、実にこのアラビアの知識によっていたのです。

さらに十一世紀中葉に、ボーデン湖畔の町ライヒェナウのベネディクト派修道院に現われた跛者ヘルマン（Hermannus Contractus　小児マヒのため足がちぢんでいたのでこの名があり、カリンティアのヘルマンとは別人）がもっていたアストロラーベについての知識をはじめ、アラビアの学問に基づく水準を抜きんでた学識——なぜ当時の中部ヨーロッパにこのことが可能であったかは、かつて謎でした——も、今やこのリポーユ写本の流布と関連づけて解明されるようになりました。

コンスタンティヌス・アフリカヌスの訳業

跛者ヘルマンと並んで同じく十一世紀の中葉にアラビア世界の知識を西欧にもたらした重要人物として、コンスタンティヌス・アフリカヌスがいます。彼は名前が示す通り、アフリカのチュニスの生まれで、チュニジアと南イタリアの間で薬草を商っていましたが、サレルノを訪れ、ここの医学がまだアラビアの医術にはるかに及ばないのを知り、アラビアの地で医学を学び、のちにモンテ・カッシーノのベネディクト派修道院に入り、そこで多くのアラビアの医書をラテン訳して生涯をとじました。アラビア語とギリシア語をともによくし、ギリシアの医書やアラビアのハリー・アッバース（Haly Abbas　アラビア名アリー・イブン・アッバース（’Alī ibn ’Abbās）の有名な医学百科全書の『王の書』（*Kitāb al-malikī*）やイブヌル＝ジャッザール（Ibn al-Jazzār）の、いろいろな流行病の記述を含んだポピュラーな医書『旅人の備え』（*Zād al-musāfir*）などをアラビア語からラテン訳し、西欧世界の医学に大きな影響を与えました。

　彼のこうした訳業が、当時すでに設立されていたサレルノの医学校の水準を大いに高めたことは言うまでもありません。そしてここの医学はさらに南仏のモンペリエ大学の医学に受けつがれ、アラビア医学はルネサンスの頃まで力をもちました。実際コンスタンティヌスの翻訳ないし編訳書は十六世紀においてもなお印刷され続けるほどの長い生命をもったのです。図9はコンスタンティヌスがアラビアの医学知識に基づいて尿の検査をしているところを示しています。

図9　コンスタンティヌスによる尿の検査

　以上が十二世紀以前における西欧のアラビア世界との学問的接触で、これは十二世紀ルネサンスの前史ということになりますが、いよいよ十二世紀に入りますと十二世紀ルネサンスの核心ともいうべき大翻訳運動が起り、アラビアの学術の移入が本格的に、集中的に、最大規模で行なわれるようになります。

二　十二世紀ルネサンスの開花

この十二世紀ルネサンスの知的回復運動の中心となったのはどこかというと、前にも申しましたように、一貫してスペインとイタリアです。もっともこのことはこのふたつの地方以外で翻訳が全く行なわれなかったということではありません。パレスティナや南フランスでも多少行なわれた痕跡がありますが、中心はなんといってもスペインとイタリアです。しかしより精密に言えば、それぞれをさらにふたつの地域に分けなければなりません。スペインと言っても、イタリアと言っても広すぎます。スペインのほうはまずカタルーニャを含む北東スペインと中央部のトレードを中心とする地域、イタリアの方はパレルモを中心とするシチリア島とヴェネツィアやピサあたりを含む北イタリア、このふたつの地域に分けねばなりません。まず北東スペインと私が呼んでいるのは、このあたりのエブロ河畔の一帯ですが、この辺は十二世紀にはアラゴンの領域になってゆきますから、むしろこの地域で翻訳に従事した人々を「アラゴン派」と名付けてもよいでしょう。

そうすると「アラゴン派」「トレード派」「シチリア派」「北イタリア派」の四つということ

とになります。この四つの地域において翻訳活動を行なった人々は、べつに今日の意味で学派をつくったわけではないのですが、それぞれある種の結び付きをもっておりますので、この四つに分けて順次見てゆくことにしましょう。

アラゴン派（北東スペイン）

最も早く西欧世界がアラビア文化圏と接触し、いわば西欧のアラビアへの窓口となった地方は、前にも述べたごとく、カタルーニャであり、ここにおける接触はすでに十世紀後半にはじまっていました。したがって十二世紀になり、ピレネー山脈からエブロ河畔に至る北東スペインの地が、完全に西欧側、つまりアラゴン王国に帰するや、この従来の運動が、いっそう強化拡大されて、まずそこがアラビア科学の翻訳・普及活動の一大中心地になったのは何ら不思議ではありません。

この地方から出た最初のアラビア科学の伝達者、翻訳者は、『聖職者教程』(*Disciplina clericalis*) という説教用の寓話集で西欧世界によく知られている、ペドロ・アルフォンソ (Pedro Alfonso　ユダヤ名モシェ・セファルディ　Moshe Sephardi) です。彼は一一〇六年にキリスト教に改宗したユダヤ人で、一〇六二年アラゴンのウェスカに生まれ、神学、天文学、医学を修め、カスティーリャ王アルフォンソ六世の侍医となりました。彼の名アルフォンソはこれに由来します。のちにイギリスに渡り、ヘンリー一世の侍医となりました。

このイギリスにおいて彼はアラビアの新科学を教えました。その弟子の一人にマルヴァーン修道院の副院長となったウォルチャー（Walcher of Malvern）という人物がいました。彼はすでにヨーロッパを訪れ、ロレーヌ地方でゲルベルトゥスのアラビアの学問的伝統に触れていたので、ペドロの講義に強い関心を示し、それに基づいて『竜について』（*De Dracone*）という一書も編しましたが、Draco とは月の昇降交点を示す当時の術語で、これは蝕計算に必要な天体運動を論じたすぐれた天文書でした。

ペドロの翻訳としては、アラビア人アル＝マジュリーティー（al-Majrīṭī）が編したアル＝フワーリズミーの『天文表』のラテン訳があります。この写本のあるものにはペドロの名が書かれ、他のものにはバースのアデラードの名が見出されますが、おそらくこれは二人の協力によってなったものでしょう。バースのアデラードについては第二講で詳しく述べましたので、ここでは省略します。

北東スペインや南フランスにとどまって、アラビア科学の西欧への移入に貢献した最も重要な人物の一人はアブラハム・バル・ヒーヤ（Abraham bar Ḥiyya）です。彼はバルセローナに生まれたユダヤ人で、南フランスのトゥールーズやベジエで活躍し、この地方のユダヤ人による翻訳活動の指導者でした。彼は一方で多くのアラビアの科学書をヘブライ語に訳し、科学言語としてのヘブライ語の確立に寄与しましたが、同時に、後述のティヴォリのプラトーネと協力して、それらをラテン語に訳しました。このようにアラビア学術の西欧への移転に際して、モサラベと並んでユダヤ人の果した役割も大きかったことに注目しておかねばなりません。

さて、いまの二人はユダヤ人でしたが、新奇なアラビアの学術を求めて、はるばるピレネーを越えてスペインにやってきた好学の西欧知識人のはしりをなすのは、ティヴォリのプラトーネです。彼の伝記はほとんど分らないのですが、ローマの近郊ティヴォリの出身で、一一三四年頃から四五年頃までバルセローナにいたことは確実です。アブラハム・バル・ヒーヤと協力してアラビア語から訳した重要な科学書としては、まず第一にプトレマイオスの占星術の著作『四部書』（*Quadripartitum*）があります。これが西欧世界における占星術の興隆に与えた意味は大きいものがあります。さらにアルキメデスの『円の求積』（*De mensura circuli*）やテオドシオスの『球面論』も訳し、アラビアのすぐれた天文学者アル＝バッターニー（al-Battānī）の基本的天文学書のラテン訳『星の運動について』（*De motu stellarum*）も完成しましたが、この最後のものは十七世紀の中葉に至ってもなおヨーロッパで刊行されるほどの長い影響力をもちました。

またアブラハム・バル・ヒーヤ自身がヘブライ語で書いた実用幾何学の書物を『面積の書』（*Liber embadorum*）としてラテン訳しましたが、これはのちのピサのレオナルド（Leonardo Pisano）の数学書のソースとなりました。ピサのレオナルドはフィボナッチ（Fibonacci　ボナッチョ　Bonaccio　の息子の意）とも言われ、父がピサと北アフリカとを結ぶ通商に従事していたので若いときからアラビアの学問に接し、アラビアの記数法と算法を採用した算術とアル＝フワーリズミー系統の代数学をヨーロッパではじめて組織的にとり入れ、西欧中世数学の新地平を拓いた人物です。

図10　プトレマイオスとヘルマン

プラトーネと並んで同じ頃に、この北東スペインにやってきたもう一人のすぐれた学者は、カリンティアのヘルマンです。彼は東方スラブ族の出身で、旧ユーゴスラビアの西北部で生まれましたから、ダルマティアのヘルマンとも言われています。はじめパリとシャルトルで学んだプラトニストでしたが、しかしすぐに新しくもたらされたアリストテレスの哲学を吸収し、恐らくシャルトルのティエリの示唆でアラビアの学術を求めてスペインに赴きました。それがいつのことかはっきりしませんが、一一三八年にはすでにアラビア語に十分精通して、そこでアラビア語文献のラテン訳を始めています。一一四一年エブロ河畔で尊者ピエールに見出され、その要請によって『コーラン』のラテン訳に精進し、四三年にこれを完成した事情はすでに述べました。科学文献の翻訳としては、アル＝フワーリズミーの『天文表』（ティエリに捧げた）やユークリッドの『原論』（アデラードの訳とは別個）のほか、プトレマイオスの『球面平画法』(*Planispherium*) が有名です。

その他に独立の哲学的著作として『本質論』(*De essentiis*) があります。図10はギリシアの天文学者プトレマイオス（左）が筒のようなもので天体を観測しているのに対し、アラブ風の格好をしたカリンティアのヘルマン（右）が、アラビアの新来のアストロラーベを差し出して、こちらの方がもっと正確に観測できますよと言っているように見えます。これは当時入ってきたアラビアの科学器具の優越を示すものでしょう。アストロラーベのことが出ましたからついでに申しそえると、同じ時代にラテン世界で「弁証の騎士」といわれた有名な哲学者アベラールが、エロイーズとの間に生まれた我が子にアストロラビウス (Astrolabius) という名を与えた事実は、面白いですね。アベラールの論証はアラビアの学問が入ってくる前の、いわゆる「旧論理学」によっており、アラビアから入ってきた自然学、形而上学の影響もまだ見られませんが、それでも自分の息子にこの新しい科学器具にちなんだ名をつけたのは、なかなかモダーンです。また彼がエロイーズとの恋愛によって非難の真只中にあったとき、東方、つまりアラビアの地に行ってしまいたいと漏らしたことも、興味をそそります。まだアラビアの学術を受け入れてなかったアベラールにしてからが、このような時代の雰囲気から自由ではありえなかったわけです。

ヘルマンと同じく、尊者ピエールに奨められてもうひとつの『コーラン』の翻訳をなしとげた人にイギリスからやって来たチェスターのロバートがいます。出身地のチェスターというのはリバプールの南にある中世の文化都市ですが、彼は関係したもうひとつの土地の名前をとってケットンのロバートとも言われています。一一四一年北スペインにやってきて、やがてナヴァールのパンプローナの副司教を務め、四七年にロンドンに帰っています。その間、ハーリド・イブン・ヤズィード（Khālid ibn Yazīd　ウマイヤ朝第二代カリフの子）に帰せられている最も古いアラビア錬金術の書のラテン訳『錬金術の合成についての書』（*Liber de compositione alchimiae*）をつくり、またアル＝フワーリズミーの有名な『代数学』をラテン訳しました。後者の翻訳は、後に触れるクレモナのゲラルドの同書の翻訳と並んで西欧代数学の出発点をなすもので、その意義はどんなに強調してもしすぎることはありません。何故なら、このときまで西欧世界は代数学というものを全く知らなかったのですから、本講の最後でアル＝フワーリズミーの『代数学』のアラビア語原典とこのふたつのラテン訳を比較してみましょう。

その他フランドルからやってきてヘルマンの弟子となり、アル＝マジュリーティーのアストロラーベに関する書物をラテン訳したブリュージュのルドルフや、一一一九年から五一年までタラソナの司教の保護をうけて、『エメラルド表』（*Tabla smaragdina*）とよばれる錬金術テクストの最初のラテン版をつくるなど、さまざまなアラビア科学書をラテン訳したサンタリヤのフーゴー（Hugo Sanctallensis）なども、このアラゴン派に加えてよいでしょう。

トレード派

十二世紀ルネサンスの第二の中心地はトレードです。西欧のレコンキスタの進展により、アルフォンソ六世豪胆王の治下、一〇八五年にトレードが西側（レオン・カスティーリャ王国）に帰すると、このスペインの中央部も北東部と同様、アラビア文化吸収の前進基地となりました。特にアルフォンソ七世のとき、トレードにはアラビアの学術研究のためのセンターがつくられ、新たに任命されたトレードの大司教ライムンドゥス一世はここに多くの学者を集めて、翻訳に従事させました。ここで最も活躍した翻訳者はまずセゴビアの大助祭であったドミンゴ・グンディサルボです。ここでも北東スペインと事情は同様で、当初はモサラベや改宗ユダヤ人の協力が大きくものをいいました。

こうした人物としてトレード派に最初に現われてくる重要な翻訳者はセビリャのファン（ユダヤ名はおそらくシェロモ・ベン・ダーウィード Shelomo ben Dāwīd）です。彼はキリスト教に改宗したユダヤ人でグンディサルボと力を合わせ、アラビアの数多くの重要な著作の翻訳に協力しました。翻訳は恐らくまずファンがアラビア語からカスティーリャ語に訳し、グンディサルボがさらにカスティーリャ語からラテン語に訳したものと思われます。

その翻訳された科学書としては、アル＝フワーリズミーの伝統を引く『算術の書』（*Liber algorismi de practica arismetrice*）やアル＝ファルガーニー（al-Fargānī）の『天の運動について』(*Kitāb fī harakāt al-samāwīya*) の翻訳がありますが、とくに哲学書として、アル＝キンディー (al-Kindī) の『知性論』(*De intellectu*) やアル＝ファーラービーの『諸学の枚挙』やイブン・スィーナーの『治癒の書』、イブン・ガビロル (Ibn Gabirol) の『生命の泉』(*Yanbū' al-hayāt*)、アル＝ガッザーリー (al-Ghazzālī) の『哲学者たちの意図』(*Maqāṣid al-falāsifa*) などのような第一級の著作を訳したことが重要です。グンディサルボはこのような翻訳のほかに『哲学の区分』という独立の著作ものしていますが、これはアル＝ファーラービーの上記の書物の学問論に基づいて、西欧の伝統的な自由七科の概念を打破した新しい学問の分類を試みたもので、後世への影響は無視できません。例えばその後、西欧でもいわゆる四科（幾何学・天文学・算術・音楽）の枠が破れて、アラビアと同じように機械学や光学のような実用的学問の重視が現われてくるのもその影響のひとつです。

しかし何と言っても、トレード派の圧巻は、はるかロンバルディアからこの地にやってきたクレモナのゲラルドでしょう。彼こそはトレード派のみならず、十二世紀の知的回復運動そのものを代表する翻訳の巨人でした。イタリアのクレモナに生まれ、若い頃から知識を愛好し、最初はラテンの学問を身につけたが、当時ラテン世界にはまだ知られていなかったプトレマイオスの『アルマゲスト』を求めてトレードに赴き、そこであらゆる領域にわたる絢爛たる多くのアラビアの学術書を見出し、それを訳すべくアラビア語を学びました。

一一七五年に宿願の『アルマゲスト』の翻訳を完成し、七十三歳でトレードに歿するまで、七十一種以上のアラビア語の書物をラテン訳しました。七十一種というのは、ゲラルドの弟子が彼の死後に確認したもので、彼自身は翻訳のどこにも自分の名を書きませんでした。その後の研究によればもっと増えて八十七種にも達しています。そのなかにはアリストテレス、ユークリッド、アルキメデス、アポロニオス、メネラオス、プトレマイオス、ガレノス、アル＝フワーリズミー、アル＝キンディー、アル＝ファーラービー、イブン・スィーナーなどギリシア、アラビアの第一級の科学者・哲学者の書物が含まれていました。

西欧世界はこのゲラルドの空前絶後ともいうべき翻訳活動によって、ギリシア、アラビアの最高の学術の精華をほとんど我がものとすることができたのでした。彼の翻訳は正確で、質・量ともに抜群ですが、これには、ガーリブ（Ghālib）またはガリップス（Galippus）と呼ばれているモサラベをはじめとする多くの協力者があったものと思われます。なお彼の名前の表記をゲラルドとするかジェラルドとするか、長く迷いましたが、一九九一年、ドイツのチュービンゲン大学で教鞭をとっている間をぬって、ミラノから足をのばしてゲラルドの故郷クレモナの町を訪ねた時に大聖堂の脇にある高い塔に昇る入口の管理人に、ゲラルドのことを訊ねると、「知っている」と言って、早速一冊のクレモナの古い記録書をとり出してきて、ゲラルドの項を示してくれました。私はそれを書きとり、ついでに名前の発音をただすと、彼はジェラルドだと答えました。そのイタリア語の記録書にはGerardoとあり、これですとイタリア人ならジェラルドと言いたいでしょうが、一方、Gherardoという古い綴りが残っていますから、本書ではゲラルドと表記しておきます。

さらにガレノスの医書などをフナインのアラビア訳からラテン訳して、最近その業績が明らかにされつつあるトレードの司教座聖堂参事会員マルコ（Marco da Toledo）や、イブン・スィーナーの『治癒の書』の、さきのグンディサルボ訳には含まれていない錬金術の部分を訳したイギリス人、サレシェルのアルフレッド（Alfred of Sareshel）などもトレード派に入れてよいでしょう。

シチリア派

十二世紀ルネサンスの大翻訳運動の第三の拠点はパレルモを中心とするシチリア島ですが、この島は古くはギリシアの植民地であり、後にローマ帝国やビザンティン帝国の一部となり、さらにチュニジアからやってきたアグラブ朝のイスラム圏に帰属し、さらには十一世紀後半以降は北フランス（ノルマンディー）から移動してきたノルマンの両シチリア王国の一部になったという歴史的事情から、ここではギリシア、アラビア、ラテンの三文化が共存し、ノルマン王朝の寛大な政策と相まって、それらが交流するのに最も適した状況にあったことはすでに述べました。こうした三文化の交流はロジェール二世のとき、頂点に達しました。その後継者ギヨーム一世の下では、ヘンリクス・アリスティップスやパレルモのエウゲニウスといったこの王朝の高官がギリシアの哲学や科学の重要な書物のラテン訳を奨励し、自らもそれを行ないました。

アリスティップスはカタニアの副司教となり、一一六〇年にシチリア宮廷の要職についた後、ビザンティンのマヌエル一世の図書館から多くのギリシア写本をもたらし、自分でもプラトンの『メノン』(*Meno*) や『パイドン』(*Phaedo*) およびアリストテレスの『気象学』(*Meteorologica*) の第四巻をギリシア語原典から直接ラテン訳しました。エウゲニウスも「エミール」の称号をもつこの宮廷の高官で、ギリシア原典が失われているプトレマイオスの『光学』(*Optica*) をアラビア訳からラテン訳しました。

またプトレマイオスの『アルマゲスト』のギリシア語写本がコンスタンティノープルからシチリアにもたらされたのをきき知ったサレルノの一学究は、これをもってきたアリスティップスにシチリアのペルグサで会い、そのギリシア写本を写す許可を得、さらにエウゲニウスの助力を得て、一一六〇年頃、そのラテン訳を完成しました。彼はまたユークリッドの『原論』(*Elementa*) 全巻をギリシア語原典からラテン訳したことも最近分ってきました。このサレルノの学究はさらにユークリッドの『与件』(*Data*)『光学』(*Optica*)『反射光学』(*Catoptrica*) およびプロクロス (Proklos) の『自然学原論』(*Elementatio Physica*) もギリシア語からラテン訳したと考えられます。このことは実は私の博士論文のテーマなので、次の第六講で詳しく論じたいと思います。さらにまたヘロンの『気体学』(*Pneumatica*) も、このシチリアでギリシア語からラテン訳されました。

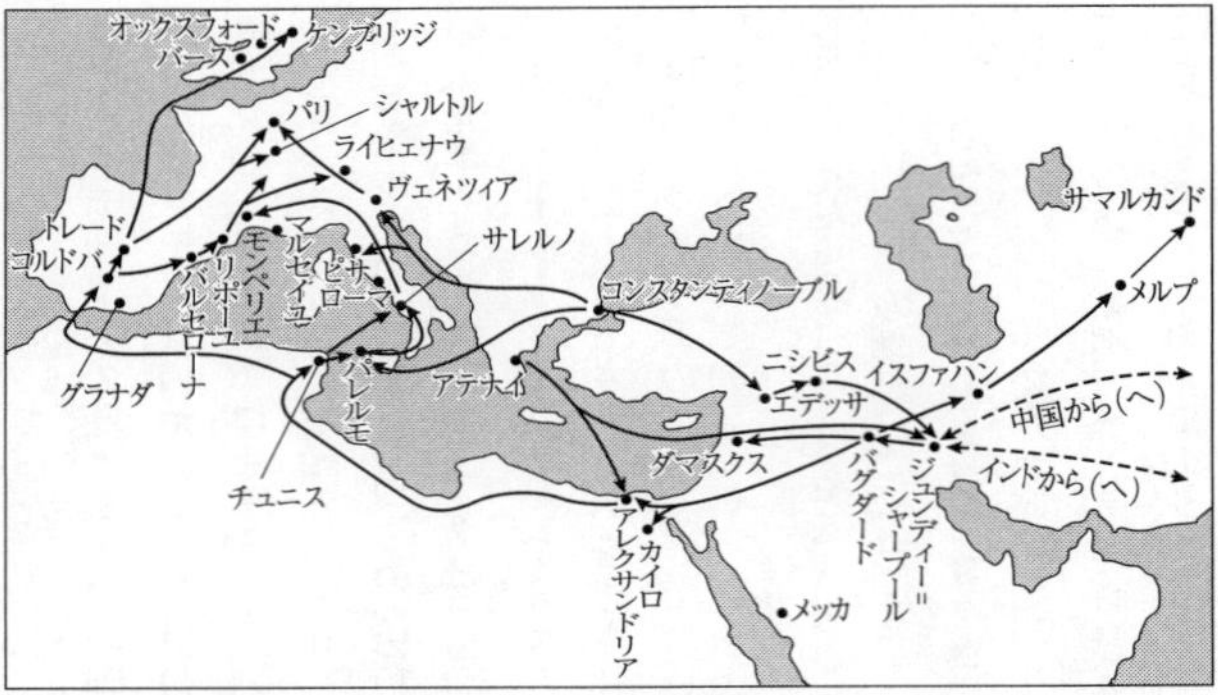

図11　５世紀より12世紀にいたる学術移転

このようにシチリアでは、アラビア訳からだけではなく、直接ギリシア語からも多くの重要なギリシアの自然科学書が訳されたのです。

北イタリア派

第四の翻訳の拠点はヴェネツィアやピサやベルガモなどを含む北イタリアです。ヴェネツィアやピサの都市はビザンティン帝国と密接な通商関係があり、コンスタンティノープルの宮廷にも出入りしてギリシア文化との接触を保っていました。こうした交流はコムネノス朝のヨアンネス二世の宮廷には多くのイタリア人がいたことが報告されていることによっても知られます。

ここで翻訳活動を行なった代表的人物は、ヴェネツィアのジャコモ、ピサのブルグンディオ、さらにはベルガモのモーゼスといった人々です。このうち最も重要なジャコモについて言えば、彼は一一二四年頃から翻訳をはじめ、アリストテレスの『分析論前書』『分析論後書』『トピカ』『詭弁論駁』などを訳し、これに注釈をほどこしましたが、これらは西欧世界に初めて紹介されたアリストテレス論理学の新部分で、それ以前にはボエティウスのラテン訳による『範疇論』と『命題論』――いわゆる「旧論理学」――しか知られていなかったのです。これらの「新論理学」は急速にラテン世界に拡がり、その後の西欧的思考を一変させました。

またここでは、このようなギリシアの論理学書のみならず、バシリウス（Basilius）、クリュソストムス（Chrysostomus）、ダマスクスのヨアンネス（Joannes Damascenus）のような東方教会の教父たちの神学書もラテン訳されました。ここでの翻訳は、もちろんすべてギリシア語から直接なされました。

三　十三世紀の翻訳活動

以上述べましたように、ギリシア、アラビアの学問は十二世紀を中心として西欧世界に大規模に移し入れられるのですが、しかしこうした翻訳事業はここでストップしてしまうのではなく、それは十三世紀までも続きます。そのなかでまず注目されるのはスペインのレオン・カスティーリャ王国において、ここの君主たち、とくに賢王アルフォンソ十世の保護の下においてなされたアラビア語からカスティーリャ語への翻訳でしょう。

彼は自分の周囲にキリスト教徒、ユダヤ人、アラビア人の学者を集め、トレードに一種のアカデミーをつくって自ら主宰しました。そこではユダヤ人ドン・アブラハム（Don Abraham）によるイブヌル＝ハイサムの『宇宙論』（*Cosmografia*）をはじめ、いろいろな天文書、占星術書が訳されましたが、このアカデミーの最大の所産は、アル＝ザルカーリー（al-Zarqālī）によってつくられた『トレード表』に代わる新しい天文表『アルフォンス表』（*Tablas Alfonsinas*）・が、ドン・サーグ（Don Zag）、ユダ・ベン・モーゼ（Juda ben Mose）らの学者の手でつくられたことでしょう。この天文表のヨーロッパへの影響は大きく、間もなくラテン語をはじめ、各国語に訳されました。彼はまたムルシアにもアラビアの学者ムハンマド・アッ＝リクーティ（Muḥammad al-Riqūṭī）にキリスト教徒とアラビア人とユダヤ人が共に学ぶ学校をつくることを命じています。

このように当時のスペインでは、ヨーロッパのキリスト教徒がユダヤ人やアラビア人と共同して研究を進めるという雰囲気がありました。イスラム世界に残って文化の交流に貢献したキリスト教徒「モサラベ」がいたように、スペインのキリスト教圏に残って文化の発展に寄与したイスラム教徒もいたわけで、この人びとを「ムデーハル」（mudéjar――「残留を許された者」を意味するアラビア語　mudajjan のスペイン訛り）とよびます。我々は今日たとえばセビリヤにおいて、華麗なアラベスクによって飾られた教会の見事なムデーハル芸術に接することができます。

このことからも分るように、西方スペインにおけるレコンキスタは、東方パレスティナに向った十字軍運動とは、かなり異なった性格をもっていたことに注意せねばなりません。後者ではただ殺戮と略奪があっただけですが、前者では戦いもありましたが、平和的共存もあって、文化の交流が大きく実ったのです。こうした事態が変ってくるのは十四世紀末からで、この頃からイベリア半島におけるユダヤ人の迫害がはじまり、一四九二年のグラナダ陥落で、レコンキスタが完了したとき頂点に達します。これ以後はアラビア人は北アフリカに追われ、ユダヤ人も改宗しなければスペインに残ることはできず、彼らは、イベリア半島から脱出し他国へと離散します。しかしこのことが皮肉にもカバラなどのユダヤ思想をヨーロッパ世界に拡めることになることは以前申しました。

さて、このスペインにおける動きと並んで、十三世紀においてもうひとつ注目すべきは、シチリアのフリードリッヒ二世の宮廷です。この興味深い人物は一一九八年にナポリ・シチリア王国の王位に昇り、一二二二年には神聖ローマ帝国の皇帝にまでなったのですが、大変なアラビア文化の愛好者で、第五次十字軍にも参加するのですが、その狂信的運動には批判的で、パレスティナにおけるキリスト教国とイスラム教国の共同統治（condominium）という極めて独創的な考えをもつ人でした。晩年はシチリアのパレルモに住して、ここの宮廷にアラビアやユダヤの多くの学者をキリスト教徒の学者とともに集め、アラビアの学術の研究を進めました。自らもアラビア風の衣裳を着て、アラビアの文献と観察に基づき鷹狩りの本を著わしているほどです。彼の遺体は今でもパレルモのアラブ・ノルマン様式の大聖堂のなかに眠っています。

ここでの最も重要な人物はマイケル・スコット（Michael Scot）でしょう。彼は名の通りスコットランドの生まれで、初めトレードにとどまり、次いでボローニャ、ローマを経て、最後にシチリアのフリードリッヒ二世の宮廷に入りました。その間、アル＝ビトルージー（al-Biṭrūjī）の『天文学』（*Liber astronomiae*）をはじめ、アリストテレスの動物学の諸著作やその『霊魂論』（*De anima*）をアヴェロエス（イブン・ルシュド）の有名な注釈とともに、アラビア語からラテン訳しました。とくに最後のものは、後のラテン・アヴェロイズムの基礎となったものです。その他、アラビアの占星術や錬金術の書物もラテン訳しています。

また西欧の内陸では、フランドルのムールベーケのギヨーム（Guillaume de Moerbeke）が注目されます。彼はアリストテレスの『政治学』（*Politica*）『詩学』（*Poetica*）『弁論術』（*Rhetorica*）『動物誌』（*Historia animalium*）『動物発生論』（*De generatione animalium*）『気象学』『形而上学』などの諸著作や、アルキメデスの『浮体論』（*De iis quae in humido vehuntur*）などをギリシア原典からラテン訳しました。彼はトマス・アクィナスの友人で、トマスの要請によってアリストテレスの諸著作やそれに対する多くの注釈をラテン語に訳しました。トマスがキリスト教とアリストテレスを綜合して彼のスコラ哲学を築き上げるに当って、そこで利用しえたアリストテレスは、多くこのギヨームのラテン訳によっているのです。

近代西欧科学の形成

終りに、こうした十二―十三世紀の翻訳が、その後の近代西欧科学の形成にどのように関わっているかについて見ておきましょう。まず第一に、十二世紀にユークリッドの『原論』全十三巻がラテン訳を通して西欧世界に知られるようになったことは、その後の西欧科学の性格を大きく規定したといえるでしょう。ここに合理的・演繹的体系としての西欧の学問観の基礎が据えられることになりました。十三世紀におけるグロステストやロジャー・ベイコンの「数学的実験科学」とよばれている近代科学的な方法論も、このユークリッドの『原論』の演繹的体系とイブヌル＝ハイサムの『光学』の実証的手法とを、これまた十二世紀にラテン訳されたアリストテレス『分析論後書』の方法論で統合したものと言えるでしょう。

近代力学の先駆をなすといわれる十四世紀の「インペトゥス理論」も、アル＝ビトルージーの書物を介して、アラビアの伝統につらなるようであるし、さらに十六世紀のコペルニクス天文学も、十二世紀におけるプトレマイオスの復活なくしてはありえず、また部分的にアラビア天文学の成果もとり入れています。ガリレオの力学研究も一五四三年にタルタリア（Niccolò Tartaglia）によって出版されたアルキメデスの『浮体論』から出発するのです

بسم الله الرحمن الرحيم

هذا كتاب وضعه محمد بن موسى الخوارزمي افتتحه بأن قال

図12　アル＝フワーリズミーの『代数学』アラビア語原典

が、これも実はさきに触れたムールベーケのギヨームの翻訳にほかならないのです。
　また十二世紀におけるアル＝フワーリズミーの『代数学』の翻訳は、それまでギリシア的幾何学しか知らなかった西欧世界にまったく新しい数学の出発点をつくり出しました。このようにして近代西欧科学の知的源泉をたどってゆくと、この中世ルネサンスの知的所産にゆきつくものが多く、近代科学はこの成果のうえに、それとの批判的対決を通して独特な発展をとげたと言えます。その意味で「十二世紀ルネサンス」は、いろいろな面で、近代西欧科学のスタートラインを結果として準備したと言ってよいでしょう。

　それでは最後に、十二世紀のアラビア文献からのラテン訳の一例として、アル＝フワーリズミーの『代数学』のアラビア語原典とそのふたつのラテン訳（クレモナのゲラルドとチェスターのロバート）を示しておきましょう。
　最初のものは、オックスフォードのボドリ図書館に収められているアラビア語原典です（図12）。はじめの部分を少し訳してみましょう。

　慈悲あまねく慈愛深きアッラーの御名において。この書は、ムハンマド・イブン・ムーサー・アル＝フワーリズミーが著わした。彼は次のように言うことでこの書を始めている。神の恩寵に対して神を讃めたたえよ、神がその恩寵にふさわしいものとなす、神のすすめる行ないをもって、神を敬う被造物の上に、神が課した行ないをなしつつ、神への感謝を申し述べる。願わくば、我らを神の恩寵の持続に価するものたらしめんことを、また我らを変らざるよう保ち給え。

このような神への讃美と祈願をさらに長々と述べた後、「学問の推進者第七代カリフ、アル＝マムーンの奨励によって、遺産分配や貿易や土地の測定や運河の開削などに必要な『整形と対合による算法の綱要の書』(*Kitāb al-mukhtaṣar fī ḥisāb al-jabr wa'l-muqābala*)を編んだ」として、この書を次のようにはじめています。

さてまことに、人間が必要としている計算(ḥisāb)というものを考察したのち、私はこのすべてが数によることを見出した。そしてこれらの数のすべては1(wāḥid)から合成されていること、(逆に言えば)1がすべての数にはいりこんでいることを見出した。そしてさらに次のようなことも見出した。すなわち、いわゆる数のすべては、1から出発して10まで進んでゆき、そこで1についてなされたのと同じように、こんどは10が二倍されたり三倍されたりして、その10から20や30がつくられ、100の完成にまで至ることを。そこからさらに1や10についてなされたと同じように、100が二倍されたり三倍されたりして1000までゆく。その後はこのようにして、1000が幾倍かされ、それに（上述の）十箇からなる組（'aqd —— 1,2,…,10 および 10,20,…,100 など）の任意のものがつけ加えられて、達せられる限りの数の限界までゆく。

さらに私は、整形（al-jabr）と対合（al-muqābala）の算法において必要であるところの数は、三種類であることを見出した。それらはすなわち根（judhūr　単数は jidhr）と財（amwāl　単数形は māl）、および根や財となんら結びつきをもたない単なる数（'adad mufrad）である。これらのうち根とは、1 または 1 より大きい数または 1 より小さい分数が、それ自身（x）とかけ合せられたもの（shay'）すべてである（つまり ax）。そして財とは、それ自身（x）とかけ合せられた根が集まったすべてである（つまり ax^2）。単なる数とは、根や財となんら結びつきのない、いわゆる数である。この三種類のもののうち、第三のもの（単なる数）は、そのうちであるものが他のものと等しくなるというようなことはない。それに反して、財は根に等しくなり、また財は数に等しくなり、また根は数に等しくなる。

以上がはじまりのところを出来るだけアラビア語原典に忠実に訳したものです（ただしカッコ内の説明は筆者のもの）。

このようにしてここにまず三つの相等関係がおかれます。

①財が根に等しい（$ax^2 = bx$）

②財が数に等しい ($ax^2 = c$)

③根が数に等しい ($bx = c$)

これらはのちのアラビアの代数学者たちが「単純」といった関係ですが、さらにこの書のつづく箇所で、のちに「合成的」といわれるようになった、次の三つの相等関係が導入されます。

④財と根の和が数に等しい ($ax^2 + bx = c$)

⑤財と数の和が根に等しい ($ax^2 + c = bx$)

⑥根と数の和が財に等しい ($bx + c = ax^2$)

一次ないし二次の方程式は、この六つの標準式のいずれかに還元されて解かれます。ここで負の項がないことに注意して下さい。たとえば、$x^2 + (x - 10)^2 + 40x = 178$ は次のように変形されます。

(1) $x^2 + x^2 - 20x + 100 + 40x = 178$

(2) $x^2 + x^2 + 40x + 100 = 178 + 20x$

(3) $2x^2 + 20x = 78$

(4) $x^2 + 10x = 39$

これで標準形④に還元されました。(1)から(2)に移るときのように係数をすべて正にする操作が「整形」と訳した al-jabr です。なぜなら jabara という動詞は歪んだものを整える意味

Liber Maumeti filii Moysi alchoarismi de algebra et almuchabala incipit.

Hic post laudem dei et ipsius exaltationem inquit : postquam illud quod ad computationem est necessarium consideravi, repperi totum illud numerum fore. Omnemque numerum ab uno compositum esse inveni. Unus itaque inter omnes consistit numerum. Et inveni omne quod ex numeris verbis exprimitur esse quod unus usque ad decem pertransit. Decem quoque ab uno progreditur, qui postea duplicatus et triplicatus et cetera quemadmodum fit de uno, fiunt ex eo viginti et trigenta et ceteri usque quo compleatur centum. Deinde duplicatur centum et triplicatur quemadmodum ex decem, et fiunt ex eo ducenta et trecenta, et sic usque ad mille. Post hoc similiter reiteratur mille apud unumquemque articulum usque ad id quod comprehendi potest de numeris ultime : deinde repperi numeros qui sunt necessarii in computatione algebre et almuchabale secundum tres modos fore. Qui sunt radicum et census, et numeri simplicis non relati ad radicem nec ad censum. Radix vero que est unus eorum, est quicquid in se multiplicatur ab uno, et quod est super ipsum ex numeris, et quod est preter eum ex fractionibus. Census autem est quicquid aggregatur ex radice in se multiplicata. Sic numerus simplex est quicquid ex numeris verbis exprimitur absque proportione ejus ad radicem et ad censum.

図13　ゲラルドによるアル＝フワーリズミー『代数学』のラテン訳

で、負の項があることは標準形に照してみると歪んでいるのでこれを正規のものに整えるわけです。我々が「移項」とよぶものに相当しますが、アラビアの代数学では、記号は用いておらず、すべて言葉で言っていることも注意しておきます。(2)から(3)のように同類項を「かち合せ」て整理することが「対合」と訳した al-muqābala です。

さて次にクレモナのゲラルドのラテン訳をみてみましょう（図13）。これはパリの国立図書館にある写本によったものですが、まず「アルゲブラとムカーバラに関するアルコアリスムスの書」とあり、彼のアラビア名ムハンマド・イブン・ムーサー・アル＝フワーリズミーが随分ラテン語ではくずされマウメトゥス・フィーリウス・モイスス・アルコアリスムスとなっています。しかしここではじめて algebra という言葉が登場してきて、これがヨーロッパにおける代数学を意味する言葉であることは注意してよいでしょう。つまり当時「代数学」というのは全くヨーロッパに知られていなかった新しい学問なので、このアル＝フワーリズミーの本の題名の一部をそのままとって学問の名称にしたわけですね。

このはじめの部分を訳すと次のようになります。

彼は神をほめたたえた後に、次のように言っている。計算に必要であるところのものを考察した後、私はそれがすべて数であることを見出した。そしてすべての数は一から合成されていることを発見した。それゆえ一はすべての数の間にはいりこんでいる。数と

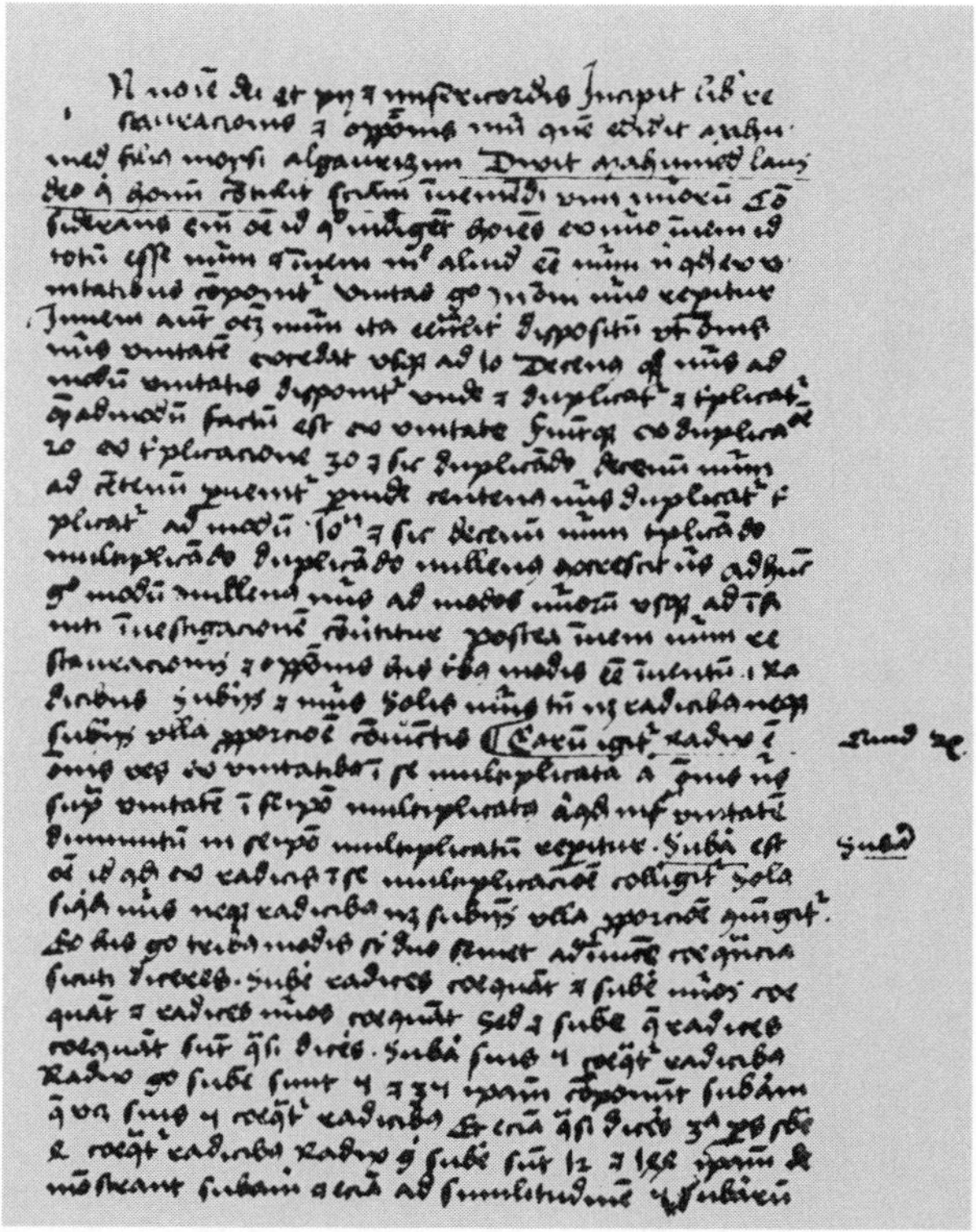

図14　ロバートによる『代数学』のラテン訳写本（MS Wien,4770）

いう言葉で表現されるものは、1から10まで進んでゆく。1についてなされたのと同じように、10もまた1の10から進んでゆくのであり、二倍三倍などされて、その10から20や30やその他ができ、100が完成されるまでに至る。そこからさらに10からつくられたように、100が二倍され三倍されて100から200や300ができ、そのようにして1000にまでゆく。以下同様に1000が繰り返され、各々の節（articulum）で、数について考えられるかぎりの限界までゆく。

さらにアルゲブラとムカーバラの算法において、必要である数は、三つの様式に従っていることを見出した。それは根（radix, jidhr の訳）と財（census, māl の訳）と根や財となんらの関係もない単なる数（numerus simplex）である。それらのうちのひとつである根とは、1や1より大きい数または1より小さい分数が、それ自身とかけ合わされたものである。ところが財とはそれ自身とかけ合された根が集まったすべてである。単なる数とは、根や財とはなんらの関係なく、いわゆる数と表現されるものすべてである。これらの三つの様式から、互いに等しくなるものがある。それは、次のようなものである。すなわち財は根に等しく、財は数に等しく、根は数に等しい。

以上がアラビア語原典から訳したところに相等するゲラルドのラテン訳の邦訳です。この両者を比較するとまず最初の神を讃える長い序文の部分が、「神をたたえた後」という一言で片づけられて、すべて省かれています。これはラテン・キリスト教界での訳としては理解しうるところです。その他はだいぶ省略があるが、意味は大体くみとっていることが分ります。ただ全体としてアラビア語の表現に引きずられてラテン語としては妙な構文になっていたりしていて、ラテン訳だけ見ているとどうしても意味が不明なところがあります。筆者が右のように訳せたのも、実はアラビア原典と比較してはじめて理解しえたというところが随分あります。十二世紀の翻訳の巨人と称せられるゲラルドにも、この未知の領野を開拓するに当っての労苦と困難のあったことが偲ばれます。

もうひとつのチェスターのロバートの訳の写本もかかげておきますが（図14）、内容は同じですから、もう訳すことはやめて、ただゲラルドの訳が直訳であるのに対し、こちらはかなりの自由訳であるということを申し添えておきます。

表2　十二世紀におけるギリシア・アラビア学術書のラテン訳一覧

Ⅰ　ギリシアの著作

著　者	著　作	何語から訳されたか	訳　者	時　代	場　所
ヒポクラテス	『箴言』その他	アラビア語	クレモナのゲラルド	十二世紀後半	トレード
〃	〃	ギリシア語	ピサのブルグンディオ	十二世紀後半	北イタリア
プラトン	『メノン』	〃	アリスティップス	一一五六年	シチリア
〃	『パイドン』	〃	〃	〃	〃
アリストテレス	『分析論前書』	〃	ヴェネツィアのジャコモ	一一二八年頃	北イタリア
〃	『分析論後書』	〃	〃	〃	〃
〃	〃	アラビア語	不詳	十二世紀前半	トレード
〃	〃	〃	クレモナのゲラルド	一一五九年	〃
〃	『トピカ』	ギリシア語	ヴェネツィアのジャコモ	一一二八年頃	北イタリア
〃	『詭弁論駁』	〃	〃	〃	〃
〃	『自然学』	〃	不詳	十二世紀	〃
〃	〃	アラビア語	クレモナのゲラルド	〃	トレード
〃	『霊魂論』	ギリシア語	不詳	〃	北イタリア
〃	『生成消滅論』	〃	〃	〃	〃
〃	〃	アラビア語	クレモナのゲラルド	〃	トレード
〃	『天体論』	〃	〃	〃	〃
〃	『気象学』（第四巻）	ギリシア語	アリスティップス	一一五六年頃	シチリア
〃	〃（一―三巻）	アラビア語	クレモナのゲラルド	十二世紀後半	トレード
〃	『形而上学』（一―四巻）	ギリシア語	不詳	十二世紀末	北イタリア
〃（偽書）	『原因論』	〃	セビリャのファン	十二世紀前半	トレード

〃	〃	〃	クレモナのゲラルド	十二世紀後半	〃
ユークリッド	『原論』	アラビア語（アル＝ハッジャージ版より）	バースのアデラード	十二世紀初頭	
〃	〃	アラビア語	カリンティアのヘルマン	十二世紀前半	スペイン
〃	〃	アラビア語（フナイン版より）	クレモナのゲラルド	十二世紀後半	トレード
〃	〃	ギリシア語	サレルノのエルマンノ	一一六〇年頃	シチリア
〃	『与件』	〃	〃	〃	〃
〃	〃	アラビア語	クレモナのゲラルド	十二世紀後半	トレード
〃	『光学』	ギリシア語	サレルノのエルマンノ	一一六〇年頃	シチリア
〃	『反射光学』	〃	〃	〃	〃
〃（偽書）	『重さと軽さについて』	アラビア語	不詳	十二世紀	
アポロニオス	『円錐曲線論』	〃	クレモナのゲラルド	十二世紀後半	トレード
アルキメデス	『円の求積』	〃	ティヴォリのプラトーネ	十二世紀前半	〃
〃	〃	〃	クレモナのゲラルド	十二世紀後半	〃
〃	〃	ギリシア語	ムールベーケのギヨーム	一二六九年	
〃	『球と円柱について』	〃	〃	〃	
ヘロン	『気体学』	〃	不詳	十二世紀中葉	シチリア
プトレマイオス	『アルマゲスト』	〃	サレルノのエルマンノ	一一六〇年頃	シチリア
〃	〃	アラビア語	クレモナのゲラルド	一一七五年	トレード
〃	〃	〃	不詳	十二世紀末	
〃	『ケントロキウム』	〃	サンタッラのユグ	一一三六年	トレード
〃	〃	〃	セビリャのファン	十二世紀前半	〃
〃	『テトラビブロス』	アラビア語	ティヴォリのプラトーネ	一一三八年	〃

プトレマイオス	『球面平画法』	アラビア語	カリンティアのヘルマン	一一四三年	トゥールーズ
〃	『光学』	〃	パレルモのエウゲニウス	一一五〇年	シチリア
テオドシウス	『球面論』	〃	クレモナのゲラルド	十二世紀後半	トレード
メネラオス	『球面論』	〃	〃	〃	〃
ガレノス	『テグニ』その他	〃	〃	〃	〃
〃	〃	ギリシア語	ピサのブルグンディオ	一一八五年頃	北イタリア
プロクロス	『自然学原論』	〃	サレルノのエルマンノ	一一六〇年頃	シチリア

Ⅱ　アラビアの著作

著者	著作	訳者	時代	場所
	『コーラン』	カリンティアのヘルマン	一一四三年頃	
	〃	チェスターのロバート	〃	
アル＝フワーリズミー	『インド数字について』	バースのアデラード	十二世紀前半	
〃	『天文表』	〃	一一二六年	
〃	〃	チェスターのロバート		
〃	『代数学』	〃	一一四五年	セゴビア
〃	〃	クレモナのゲラルド	十二世紀後半	トレード
アル＝キンディー	『知性論』	セビリャのファン	十二世紀前半	〃
〃	『五本質論』	クレモナのゲラルド	十二世紀後半	〃
〃	『光学』	〃	〃	〃
〃	『夢と幻覚』	〃	〃	〃
〃	『医薬合成楷梯』	〃	〃	〃

アル＝ファルガーニー	『天の運動について』	セビリャのファアン	十二世紀前後	〃
〃	〃	クレモナのゲラルド	十二世紀後半	〃
サービト・イブン・クッラ	『カラストゥーンの書』	〃	〃	〃
〃	『太陽年について』	〃	〃	〃
アッ＝ラーズィー	『アル＝マンスールの書』	〃	〃	〃
〃	『小医学入門』	〃	〃	〃
アル＝バッターニー	『星の運動について』	ティヴォリのプラトーネ	十二世紀前半	〃
〃	〃	チェスターのロバート		
アル＝ファーラービー	『諸学綜覧』	グンディサルボ	十二世紀前半	トレード
〃	〃	クレモナのゲラルド	十二世紀後半	〃
〃	『三段論法』	〃	十二世紀後半	〃
アリー・イブン・アッバース	『王の書』	アンティオキアのステファヌス	一一二七年頃	
イブヌル＝ハイサム	『薄明について』	クレモナのゲラルド	十二世紀後半	トレード
〃	『光学』	不詳	十二世紀末	
イブン・スィーナー	『治癒の書』(哲学的自然学的部分)	{グンディサルボ セビリャのファアン	十二世紀前半	トレード
〃	『治癒の書』(化学的地質学的部分)	サレシェルのアルフレッド	十二世紀末	スペイン
〃	『医学典範』	クレモナのゲラルド	十二世紀後半	トレード
イブン・ガビロル	『生命の泉』	{グンディサルボ セビリャのファアン	一一五〇年	トレード
アル＝ガッザーリー	『哲学者たちの意図』	〃	十二世紀前半	〃

第六講　シチリアにおける科学ルネサンス

一　十二世紀シチリア研究の歩み

前回は「アラビアから西欧へ」というテーマで、十二世紀にトレードを中心とするスペイン、ヴェネツィアやピサを中心とする北イタリア、あるいはシチリアで、アラビアやギリシアの科学文献がラテン訳され、そこで大きな文明移転が遂行されたことを全体的に見渡し、とりわけスペインにおける科学文献のラテン訳について、特にアル＝フワーリズミーの『代数学』をとり上げて、それがアラビア語からどのようにラテン訳されていったかをみてきました。今回は、「十二世紀ルネサンス」の文明移転の別の拠点のひとつであるシチリアに目を向けようというわけです。

文明の十字路シチリア

ところで南イタリアのシチリア島における翻訳活動についても、さきにざっと概観しました。ここはもとカルタゴとギリシアの植民地であり、のちローマ帝国に併合され、六世紀にはビザンティン帝国の領土になって、そこの文化をその中に豊富に取り入れました。さらに八二七年に、アグラブ朝のイスラム勢力が今のチュニジアの方からシチリアに入ってきて八七八年にこの島を征服して以来、イスラムの領土になりました。

そしてさらに一〇六〇年以降は北からやってきたノルマンに支配されたというわけで、そこではギリシア、アラビア、ラテンの三文化が歴史的に共存することになりました。ノルマンというのは「北の人」という意味でスカンディナヴィアやデンマークあたりに住んでいたヴァイキングのことですが、八世紀ごろから移動をはじめ、その一派が十世紀のはじめにフランス王国のノルマンディーの地を占領し、フランス王の封臣となって、ローマ・カトリックやラテン文化をうけ入れていました。十一世紀の前半にここの傭兵隊長オートヴィルのタンクレードの二人の息子ロベール・ギスカルとロジェールにひきいられて、ノルマンの傭兵隊は内紛に乗じて南イタリアに侵入し、一〇六一年以後には弟のロジェールがシチリアを占領し、ついに「シチリア大伯爵」を名乗りました。さらに一一三〇年にはその息子ロジェール二世がシチリアと南イタリアを併せてノルマン王朝の両シチリア王国が形成されたのです。

このようにノルマンはシチリアに入るまえに、ノルマンディーにおいてすでにローマ・カトリックとラテン文化を百年以上もうけ入れ、西欧文明圏に仲間入りしていましたが、しかしシチリアに入っても、住民にローマ・カトリックを押しつけるというのではなく、イスラムもギリシア正教も認容し、むしろアラビア、ギリシア、ラテンの三つの文化を平等に認めて、その間に非常に自由な文化交流を実現させたのでした。このことはとくにロジェール二世以後のノルマン王朝について言うことができます。実際、今でもノルマン宮殿の壁には、ギリシア語、ラテン語、アラビア語の三つの言葉で書かれた公告のプレートの見本が張られているのを見ることができます。裁判でもローマ法と『コーラン』とノルマンディーの慣習法が同等に尊重されました。「十二世紀の宝石」とも称すべきパレルモのノルマン王の礼拝堂カペッラ・パラティナにはビザンティンのイコンとともに、壁はアラベスクに彩られ、天井は鍾乳石様のアラビア装飾でかざられています。こうした文化の融合と交流は学術の点でも著しく、ロジェール二世の宮廷には、ビザンティンの神学者、アラビアの知識人がヨーロッパ人と一緒に仕事をしていました。それゆえそこではギリシア語やアラビア語の学術文献が盛んにラテン語に訳されました。

スペインではギリシアの遺産がありませんでしたから、翻訳はもっぱらアラビア語からなされましたが、ここではギリシア語のルートとアラビア語のルート、このふたつのチャンネルを通して西欧ラテン世界への大きな学術移転が行なわれたというわけです。

この前ざっと概観したように、ノルマン王朝の宰相になったアリスティップスという人がいて、この人がプラトンの『メノン』とか『パイドン』、さらにアリストテレスの『気象学』第四巻をギリシア語から直接ラテン訳したことは申しました。またパレルモの「エミール」という称号をもつエウゲニウスというこの王朝の高官がプトレマイオスの『光学』（ギリシア語原典は失われた）をアラビア訳からラテン訳したことも申しました。

ところが、それとの連関でまだ詳しく触れていない一人の重要な人物がいます。それは十二世紀シチリアの科学ルネサンスにおいてはいちばん重要で最も問題となる人物です。それはプトレマイオスの『アルマゲスト』をギリシア語からラテン訳した、イタリアのサレルノ出身の一学究です。

スペインにおける代表的な翻訳者としてクレモナのゲラルドを挙げることができますが、シチリアの翻訳活動において、それに匹敵するぐらいの人物はこの人でしょう。今日はこの人物を中心としてシチリアにおける十二世紀ルネサンスの新局面に入ってゆきたいと思います。

ところでそのことは、実は私のアメリカにおける学位論文のテーマと非常に深く関わっています。それで今日のお話は、この学位論文における成果とそれ以後の私の研究を踏まえて、シチリアにおける科学ルネサンスの、判明しつつある新たな相貌をお伝えしたいと考えています。

シチリア・ルネサンス研究前史

その前に十二世紀シチリアにおける科学ルネサンス研究の前史について簡単に触れておきましょう。この問題は二人の非常に優れた研究者によって始められました。その一人はチャールズ・ハスキンズです。この人は、前に申したように、『十二世紀ルネサンス』という本を書いて、この概念をつくり出した人です。このハスキンズは一九一〇年にロックウッド(P.Lockwood)という人と共著で「十二世紀シチリアの翻訳者たちとプトレマイオス『アルマゲスト』の最初の訳」("The Sicilian Translators of the Twelfth Century and the First Version of Ptolemy's *Almagest*")という論文を、古典学の非常に権威ある学術雑誌『ハーヴァード古典文献学研究』(*Harvard Studies in Classical Philology*, Vol. XXI, 1910)に載せ、さらに二年後、単独で同じ雑誌に「シチリアの翻訳者についての追記」("Farther Notes on Sicilian Translators")を書きました。これがシチリアの科学ルネサンスについての最初の論文で、とくに『アルマゲスト』のギリシア語原典からのラテン訳の成立について論じました。

もう一人の学者はヨーハン・ハイベア(Johan L. Heiberg)です。これまたデンマークの有名な古典文献学者で、ユークリッドやアルキメデスの全集、プトレマイオスの『アルマゲスト』、アポロニオスの『円錐曲線論』など、ギリシア科学の最も重要なテクストのギリシア語原典を編纂出版した人です。

この人が奇しくも同じ一九一〇年に「プトレマイオス『シュンタクシス』の中世の翻訳」（"Eine mittelalterliche Übersetzung des *Syntaxis*"）というドイツ語の論文を、これまた優れた古典文献学の雑誌『ヘルメス』（*Hermes*, Vol. XLV, 1910）に載せ、さらに翌年、同じ雑誌に「中世のプトレマイオス翻訳再論」（"Noch einmal die mittelalterliche Ptolemaios-Übersetzung"）を寄せました。『シュンタクシス』というのは『アルマゲスト』のギリシア語の元の名称で、『アルマゲスト』というのは『偉大な書』という意味で、アラビア世界に入って出来た書名です。この論文もプトレマイオスの天文書『アルマゲスト』の中世ラテン訳を論じたものです。

この二人の論文が十二世紀ルネサンスのシチリア的側面に、最初に鍬を入れた論文と言ってよいでしょう。面白いことにこの二人が問題にしたプトレマイオスの『アルマゲスト』の写本が発見されたのは、ともに一九〇九年なのです。二人が用いた写本はもちろん違いまして、ハスキンズのはヴァチカンの写本（MS Vat. lat. 2056）で、ロックウッドがそれを発見し、それに基づいて、ハスキンズが研究し、論文を共著で出したのです。ハイベアのほうはビョルンボ（Axel A. Björnbo）という人がやはり一九〇九年にフィレンツェで発見した写本（MS Firenze, Bibl. Naz. Cent., Fondo Conventi Soppressi, A 5. 2654）でそれをハイベアが研究して、さきの論文を書いたわけです。

このようにして一九一〇年という年から、ハスキンズ、ハイベアの両碩学によって十二世紀ルネサンスのシチリア的側面というものに光が当てられはじめました。そのはしりをなしたのはプトレマイオスの『アルマゲスト』のラテン訳で、この翻訳を遂行した人物のことを研究すれば研究するほど、いろいろなことがわかってくるのですが、前史のことは、さし当りこのくらいにして、この辺で端的に私の研究の話に入り、その過程で、必要に応じて関係する他の先行研究にも触れることにしたほうがよろしいかと思いますので、さっそく私がどうしてこの問題にのめり込んで行ったのかということをお話しましょう。

二　ユークリッド『与件』の伝承

『与件』のラテン訳について

私は一九六三年の九月にウィスコンシン大学の科学史学科に学位論文「ユークリッド『ダタ』の中世ラテン訳」("The Medieval Latin Translation of the *Data* of Euclid")を提出し、論文審査の口述試験にパスしましたが、学則に従って翌年の一月にドクター・オブ・フィロソフィーの学位を授与されました。この論文はギリシアの有名な数学者ユークリッドの幾何学書『ダタ』(*Data*)の、まだ写本のままにとどまっていた中世ラテン訳のテクストをはじめて校訂し世に出し、併せてその英訳を付し、かつその中世ラテン訳の成立の事情を追究、解明したものでした。『ダタ』という書物は「これこれのものが与えられると、これこれのものも与えられる」という形で書かれた一連の幾何学の命題集で、「与えられる」という言葉が頻出するので、ラテン語でこれを意味するData（ギリシア原典 *Δεδομένα*）という名の書物になっているわけで、邦語では『与件』と訳しておきましょう。

もうひとつ有名なユークリッドの幾何学書として『エレメンタ』というのがあります。これは普通『原論』と訳されています。この邦訳には私も参加しましたけれども、共立出版から出されており、たいへん厚い本です。『与件』のほうは、この『原論』の続篇で、そんなに厚くはありません。二六三ページの博士論文に英訳と一緒に入るほどの長さです。

ユークリッドが書いたと言われる書物は、有名な『原論』のほかに実はいくつもあり、『光学』『反射光学』『音楽原論』（*Elementa musica*）『天文現象論』（*Phaenomena*）のようにギリシア語原典が残っているもののほか、なおアラビア訳やラテン訳で五冊ほどの本が伝えられています。しかし平面幾何学のまとまった書物としては『原論』とこの『与件』があるばかりです。

『与件』は、『原論』を終った人が実際に幾何学の問題を解くに当って、アナリュシス（analysis　解析）というギリシア数学の重要な方法を適用するための書物です。つまり、あることを証明するにはどういうことが前提されたらいいのか、さらにその前提を証明するにはさらにどのような前提が必要なのか、というふうに次々に原理まで遡ってゆくのが「アナリュシス」です。そしてその原理がわかってくると、こんどは逆にこの原理から導出される命題を経て、さらにその命題から導出される命題にいたり、遂に証明されるべき命題に到るのが「シュンテシス」(synthesis　総合)です。通常証明はこのような方法でなされます。皆さんも幾何学を解くときに、実際経験があるかもしれませんけれども、これが証明されるためにはどういうことをしたらいいのか、それにはこれが前提されなければならない、そのためにはこれが前提されなければならないとたどっていって、ああそうだ、これはもう定理ではないか、これは定理または公理として与えられている、これでいいのだというので、こんどはそれから逆にたどって証明を始めるでしょう。それが「シュンテシス」で、「アナリュシス」はそれに先立って証明の過程を発見する方法です。

普通の幾何学の本には公理や定理が与えられていて、そこから命題が一歩一歩導出され、ゆえにこうこうというふうに証明の過程だけが示されていますが、実際に幾何学者が問題を解くときには逆に命題から遡って、原理の方へたどってゆくわけです。この「アナリュシス」はいったん証明が発見されてしまえば、隠して手の内は見せないわけですが、実際にはそれをやっていたわけです。『与件』はこうしたギリシア数学の「アナリュシス」の内容を知るために非常に重要な本です。

このことにあまり立ち入りますと、なかなか本論に入れませんので、これくらいにして、『与件』はとにかく『原論』の続篇で、『原論』を終った人が実際に幾何学を解くときに必要な「アナリュシス」の手段を与える重要な書物で、実際『数学集成』(*Collectio*)を書いた四世紀のパッポス（Pappos）も、この本のことを「解析の宝庫」（τόπος ἀναλυόμενος）とよんでいます。

さて私がこの学位論文で『与件』のラテン・テクストを校訂編纂するに当って、まずふたつの写本を用いました。これは、お手許にありますようにひとつはオックスフォード写本、

(1)　MS Oxford, Bodl. Auct. F. 5. 28, 13c. 99r-113r（図15上）

であり、他はパリ写本で、

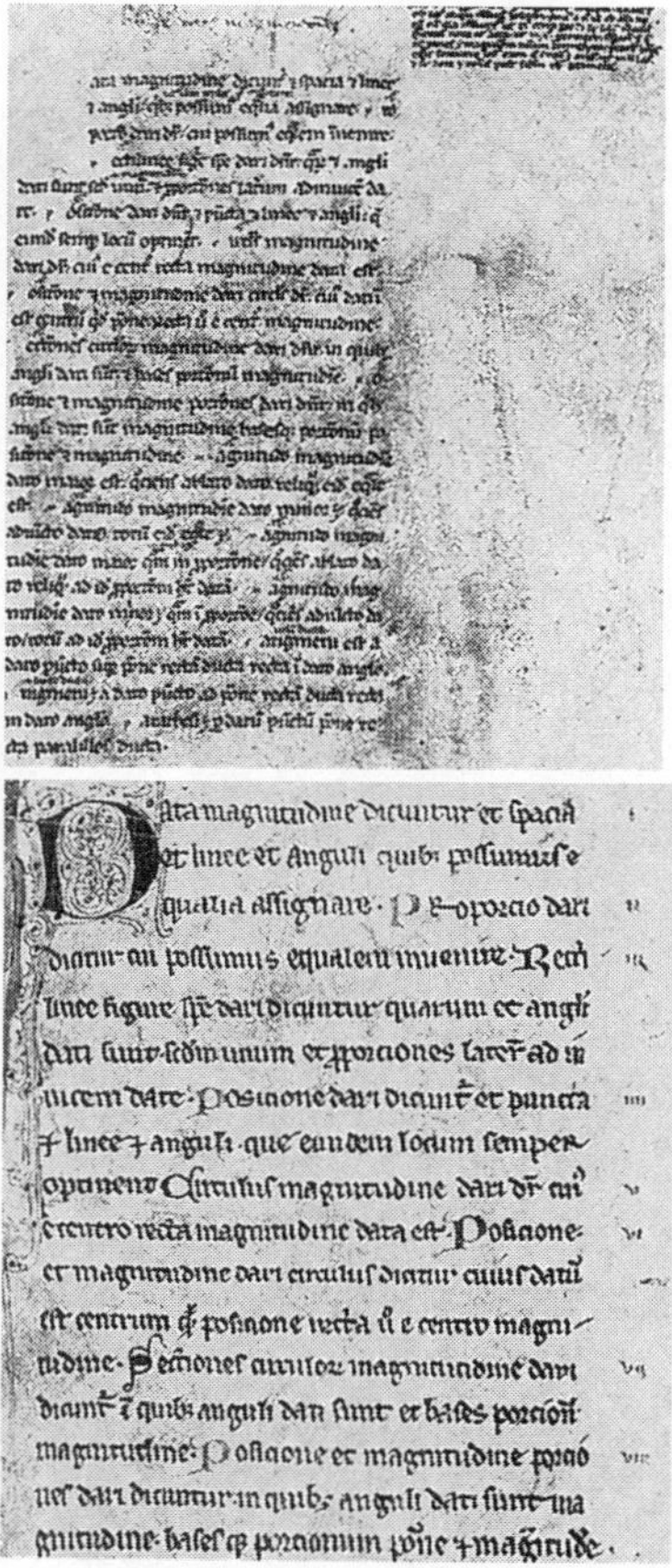

図15　『与件』のラテン訳写本　オックスフォード写本（上）とパリ写本（下）

です。

(2) MS Paris, Bibl. Nat. lat. 16648, 13-14c. 60r-91v（図15下）

です。オックスフォードのものはボドリー図書館所蔵の増加分の写本F. 5.28 の羊皮紙の99葉の表から113葉の表までで、書体から十三世紀に書かれたものと判断されます。

パリのものは、国立図書館のラテン語の写本の16648の60葉の表から91葉の裏まで（羊皮紙には表と裏がある。表をrecto、裏をversoと表記する）、書体からオックスフォードのものよりも遅く十三世紀末から十四世紀にかけて書かれたものと判断されます。

このふたつの写本をもとにして、それを校合しながらアパラートゥス・クリティクス（apparatus criticus　文献批判の脚注）を付しつつ、『与件』の最古のラテン語テクストをつくり上げ、さらにその英訳を付しました。『与件』の最も古いラテン語テクストと言ったのは、同じ十二世紀にクレモナのゲラルドがアラビア語からラテン訳したものは既に失われており、またギリシア語から直接ラテン訳されたものとしては、おそく十六世紀に入ってジョルジョ・ヴァッラ（Georgio Valla）とバルトロメオ・ザンベルティ（Bartholomeo Zamberti）の手になるものしかないからです。またこの英訳については、十八世紀のハーゼルデン（Thomas Haselden）とシムソン（Robert Simson）のものしかなく、前者はやや古体の英語であり、後者は忠実な訳というより、一種のパラフレーズ（解釈）でありますから、この機会に初めて英語の近代語訳を与えておきました。このラテン訳そのものがギリシア原典の忠実な翻訳ですから、結果として私の英訳もおおむね原典に添った正確なものとなっていると思います。

四つの『与件』写本

しかしその後『与件』のラテン訳の写本には、このオックスフォードとパリのもののほかに、ベルリンとドレスデンのものがあることが分りました。それで今度は一九七一年九月から七二年八月まで、プリンストンの高等研究所の客員研究員として招待して頂いたのを機会に、同研究所においてこのふたつの写本もくり入れて、四つの写本から最終テクストをつく

図16　『与件』のラテン訳写本　ベルリン写本(上)とドレスデン写本(下)

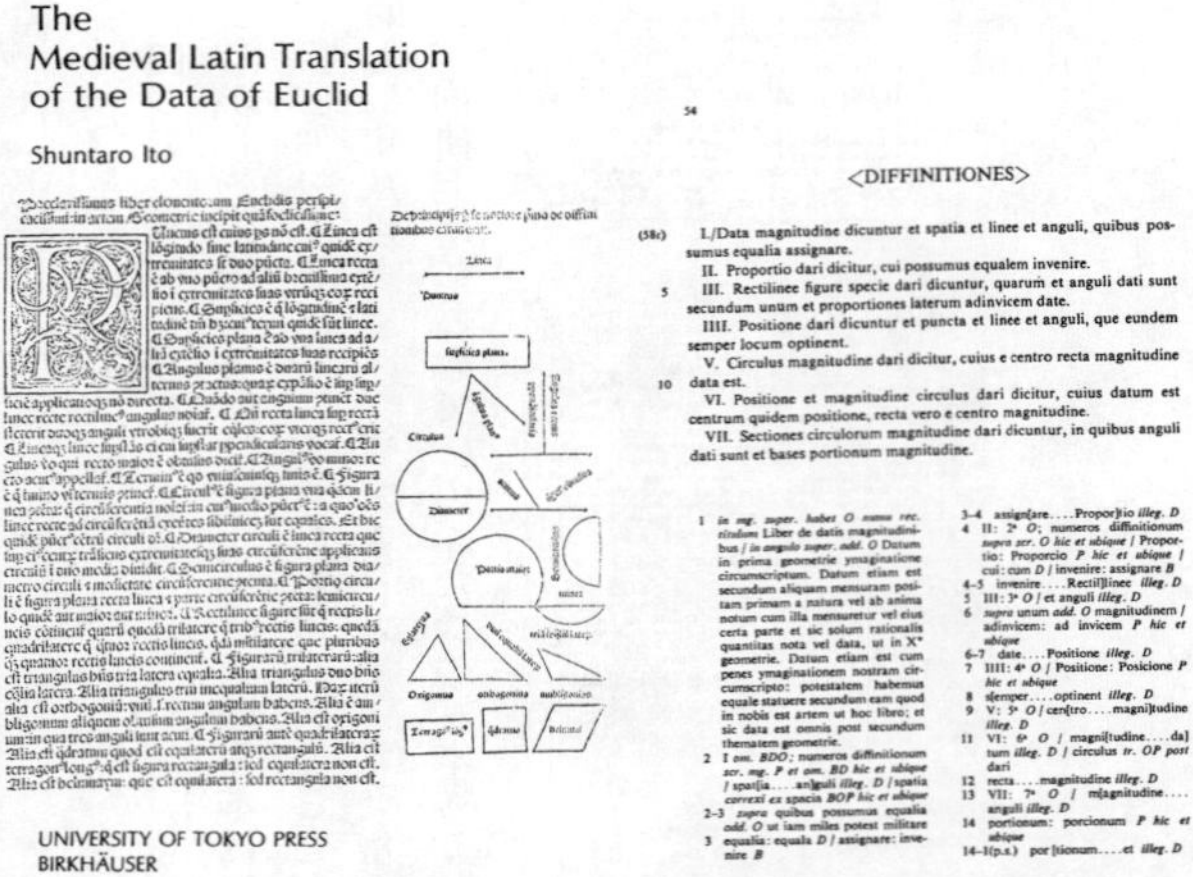

図17　『与件』ラテン訳に関する英文著書　表紙（左）とテクストの冒頭（右）

り直す仕事にとりかかりました。これは、いったん登った山をもう一度登るような、実にしんどい仕事でしたが、およそ新しいテクストを校合し、世に出すという場合、あることが分ったすべての写本をとり入れて、最善のテクストをつくり上げることが校訂者の義務ですから、このことはやらざるを得ません。ベルリンとドレスデンの写本というのは次のようなものです。

(3)　MS Berlin, Staatsbibl. Preuß. Kulturbesitz, Q510, 14c. 178v-191r.（図16上）

(4)　MS Dresden, Sächs. Landesbibl. Db 86, 14c. 200r-213r.（図16下）

ベルリンのものは、国立図書館所蔵のプロイセン文化財の写本 Q510 の 178 葉裏から 191 葉表までで、書体から十四世紀のものと判断されます。ドレスデンのものは、ザクセン地方図書館の写本 Db 86 の 200 葉表から 213 葉表までで、同様に十四世紀のものと考えられますが、ご覧の通り今次大戦下の激しいドレスデン爆撃によって、半分ほどが読めないほど破損されています。それでも読めるところは読んで、テクストの校合に役立てようとしたわけです。

この『与件』のラテン訳については、少なくとも現時点では、この四つの写本が、存在の知られているすべてで、これ以外は残っていないと思われますので、これらに基づいて能う限り完全な最終的テクストが編めるはずです。そして、この四つの写本に基づいて、改めて校訂したラテン語のテクストにその英訳を付し、さらに『与件』の伝統を古代ギリシア、中世（アラビアとラテン）、ルネサンスと全体的に展望し、そのなかで、この中世ラテン訳の内容、成立、意義などを論じた英文の著作を、一九八〇年に東京大学出版会とスイスの伝統ある出版社ビルクホイザーとの共同で上梓することができました。それが、

Shuntaro Ito, *The Medieval Latin Translation of the Data of Euclid*, University of Tokyo Press & Birkhäuser, 1980.

です（図17）。次にこの本の中で論じた主な内容をお話しましょう。さてこの四つの写本を読んでみますと、それらは本質的に『与件』の同じラテン訳であり、異なった内容のもので

はないことが分ります。ただ写本を書き写してゆく間に、ある部分を脱落させたり、誤記を行なったり、さらには欄外に注を書き加えたりして、ヴァラエティが生じてくるのです。それをテクストの下の脚注に一々注記しながら、最善と思われる読み方をとってテクストをつくってゆくのですが、そのテクストと脚注を併せ見れば四つの写本の内容はそれぞれ完全に回復されることになっています。

この四つの写本の間の関係は、脱落や誤記や書き加えなどに注意しながら調べてみると、別表のようになっていることが分ります（表3）。

まず、これまで述べて来たように、十二世紀ルネサンスにおけるギリシアの学術文献のラテン訳には、ギリシア語原典から直接訳されたものと、一度アラビア語に訳され、それがさらにラテン訳されるというふたつの可能性があったわけですから、この『与件』のラテン訳はそのうちのいずれなのかが問題となります。私は以下の理由からそれがギリシア語原典から直接訳されたものであることは明らかであると思います。

(1)　このラテン訳にはギリシア語をそのまま音訳した言葉が数多くみられる。たとえば、catigmeni（κατηγμένη　下に引かれる）、anigmeni（ἀνηγμένη　上に引かれる）、parallelus（παράλληλος　平行な）、cathetus（κάθετος　垂直な）、orthogonius（ὀρθογόνιος　直角の）など。（もしアラビア訳から来たならば、音訳したとしても、セム語特有の音韻組織により、ギリシア語の発音がかなり変えられてしまうから、以上のようにギリシア語のきちん

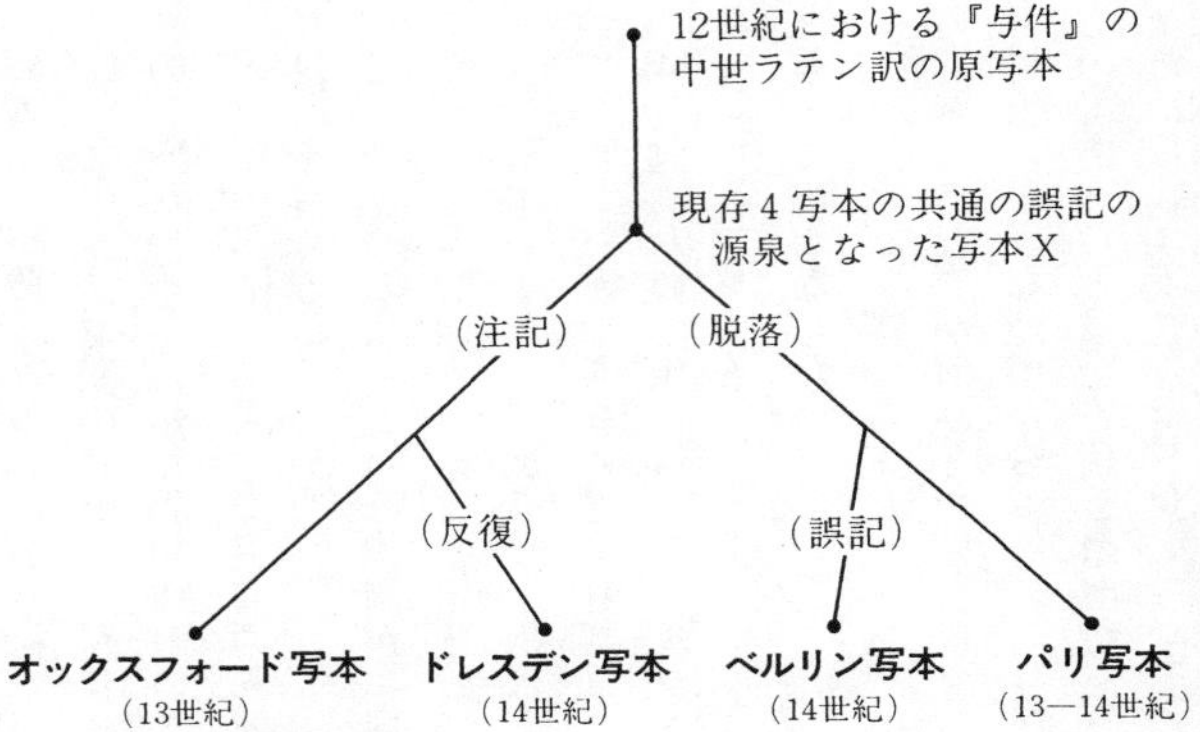

表3　4つの写本の関係

とした形をそのままとどめることができない。）

⑵　ギリシア原典とラテン訳との間に小辞(particle) や接続詞の厳密な対応が常に存在する。たとえば次のようにである。

ἀλλά = sed, at　ἄρα, οὖν = ergo, igitur　γάρ = enim　δέ = vero, -que, atqui, at, et, autem　δή = autem, et, vero　εἰ, ἐάν = si　ἐπεί = quoniam, quia　ἤ…ἤ = vel…vel　μέν…δέ = quidem… vero, autem　μή, οὐ = non, minime　ὅτι = quod, quoniam　τέ…τέ = et…et　ὡς…οὕτως = sicut…ita, quemadmodum…ita　ὥστε = quare

（アラビア語には、ギリシア語に特有な μέν…δέ や δή のような小辞に対応するものがないから、アラビア訳から来たとすれば、ここに見出されるような厳密な対応はあり得ない)。

(3) このラテン訳の語順が、ギリシア語原文の語順と完全に一致する。それはたとえば、次のようなやや不自然な語順においてもそうである。

ἃ τὸν αὐτὸν ἀεὶ τόπον ἐπέχει = que eundem semper locum optinent (「それらはつねに同じ場所を占める」)

(ここで「つねに」という副詞が「同じ」と「場所」の間に入りこんでいるが、この不自然な語順をラテン訳もそのまま踏襲している。そしてアラビア語はギリシア語と文法構造を全く異にしているから、アラビア訳はギリシア語の語順をそのままとることができず、したがってアラビア訳から来たとすれば、こうした語順の一致はあり得ない。)

(4) 図において用いられるアルファベットの記号が、ギリシア語の順になっている。たとえばabcdefではなく、abgdezとなっているが、これはギリシア語の*αβγδεζ*の順にならったものにほかならない。

(5) アラビア訳から来たラテン訳にしばしば見出されるアラビア起源の言葉(アラビア語の音訳を含む)が何ひとつ見当らない。

以上のような理由から、この『与件』の中世ラテン訳がギリシア語原典から直接由来するものであることは全く疑う余地がありません。

だから『ユークリッド全集』(Heiberg-Menge (ed.), *Euclidis Opera Omnia*, 8 vols. &

I suppl. Leipzig, 1883-1916）の第六巻で『与件』のギリシア語原典を編んだメンゲが、その序文で「『与件』の書物全体をヴェネツィアのバルトロメオが一五〇五年にはじめてラテン語で編んだ」と書いているのは誤りで、彼以前に十二世紀の中世において、既に『与件』の全体がギリシア語原典からラテン訳されていたのです。また有名なパウリ-ヴィッソワの『古典古代学百科事典』（Pauly-Wissowa (ed.), *Die Real-Encyclopädie der classischen Altertumswissenschaft*, Stuttgart, 68 Bde., 15 Suppl., 1893-1978）の第六巻の第一部で「ユークリッド」の項を執筆しているフルチュ（F. Hultsch）が、さきに挙げたドレスデン写本に触れて、「恐らくアラビア訳に由来するラテン語の『与件』の編纂が、ドレスデン写本 Db 86 に見出される。それは200葉目から私が十四箇まで数えた定義で始まっているが、はじめはギリシア語のテキストにかなり正確に従っているように見えるものの、後ではだんだんそれから離れてゆく。この論稿の出版が強く望まれる」といっているのも正しいとはいえないことになります。彼がその出版を強く望んだ『与件』のラテン訳とは、まさに私が英文著作で公刊したものにほかならず、それはアラビア訳とは何らの関係をもつことなく、終始ギリシア語原典に従ったものなのです。（また定義の数は十四でなく十五です。）

『与件』伝承の系譜

こうしたメンゲやフルチュの誤った言及にも示唆されるように、『与件』の伝承については多くの混乱があります。そこでここにあらためて古典ギリシア以降、中世のアラビアとラテン世界を通じ、ルネサンスにいたるまでの『与件』の系譜を総体的に調べ直し、そのなかで、我々の中世ラテン訳の位置を明らかにしてみましょう。

まずユークリッド自身によって『与件』が書かれて間もなく、アポロニオスによって手が加えられたことは古注によって知られます。さらに四世紀のパッポスはその『数学集成』の第七巻で『与件』について論じ、これを「解析《アナリュシス》の宝庫」の筆頭に挙げたことは前にも触れました。同じ世紀のアレクサンドリアのテオン（Theon）は、ユークリッドの『原論』に対すると同じように、『与件』に対しても改訂を試み、いわゆる「テオン版」をつくりました。さらに五世紀には、アテナイにおけるプロクロスの後継者であるネアポリスのマリノス（Marinos）は『与件』の有名な注釈を書きました。以上がギリシア的伝統における『与件』の主な系譜です。

中世に入ると、まず九世紀にイスハーク・イブン・フナインによって『与件』はギリシア語から「アル・ムゥタヤート」（*al-Muʿṭayāt*）という表題でアラビア訳されます。このアラビア訳は同世紀のサービト・イブン・クッラにより改訂され、十三世紀にはアッ＝トゥースィー（al-Ṭūsī）により詳しい注釈が書かれました。このアッ＝トゥースィーのものは、ベ

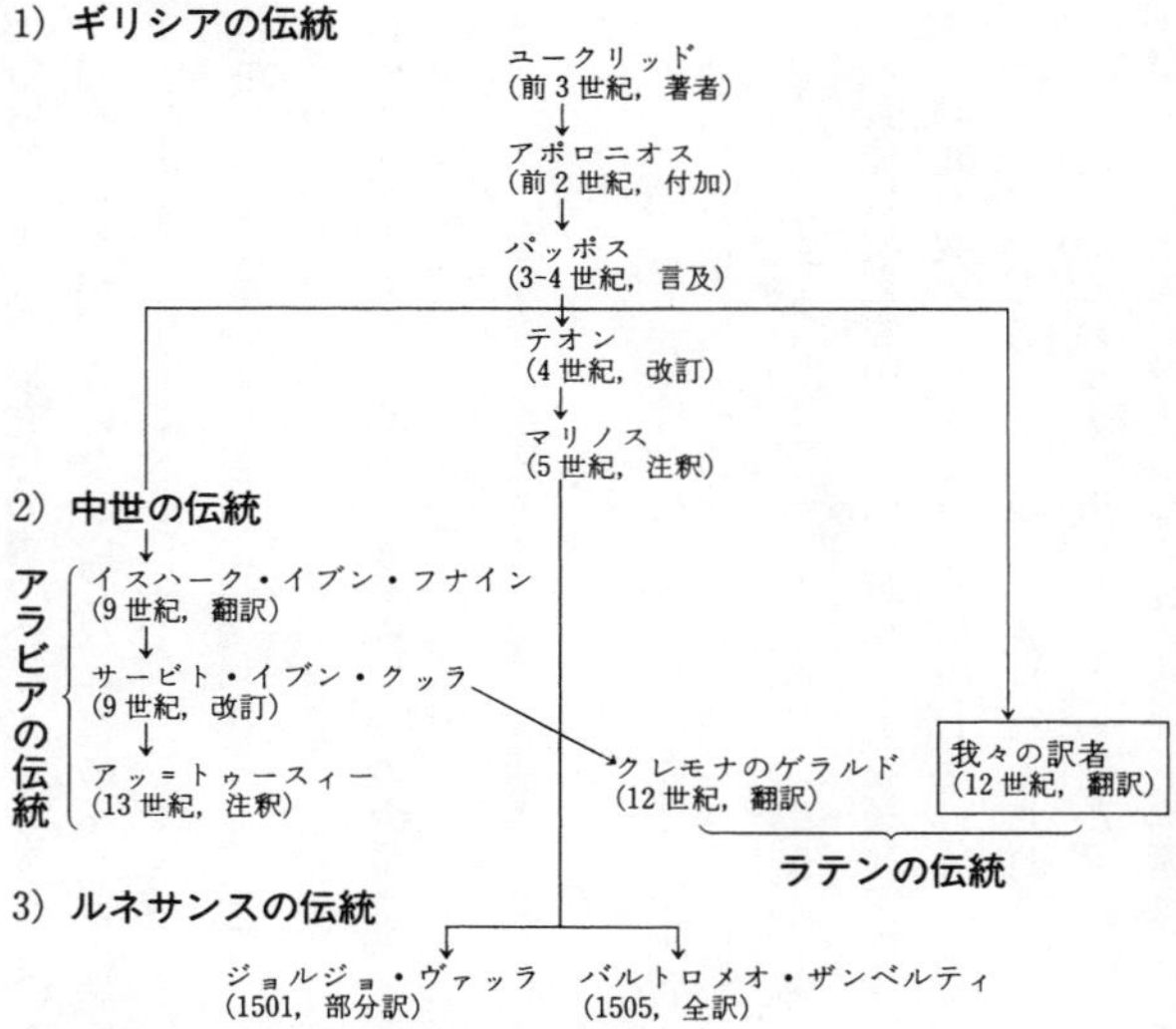

表4　『与件』の系譜（ギリシア・中世・ルネサンス）

ルリン、フィレンツェ、オックスフォードなどに多くの写本が残っています。さて、十二世紀にクレモナのゲラルドにより、『与件』はこのアラビア訳からラテン訳されたことが分っていますが、この写本はまだ見つかっていません。恐らく失われたものと思われます。そして最後に、同じ十二世紀にギリシア語から直接ラテン訳された我々の『与件』があるということになります。

ついでルネサンス期に入ると、まず一五〇一年にジョルジョ・ヴァッラが多くのギリシア語の学術文献をラテン訳して一種の百科全書『欠損充足の書』(*De expetendis et fugiendis rebus opus*, Venezia, 1501)を編みましたが、このなかに『与件』のギリシア語原典からの部分訳も含まれていました。ついで一五〇五年にバルトロメオ・ザンベルティが同様にギリシア語原典から全訳(Bartholomeo Zamberti, *Euclidis Megarensis philosophi Platonici mathematicique prestantissimi liber datorum*, Venezia, 1505)を試みました。私の調べた限りでは、後者は前者を参照したと思われますが、かなり異なった訳であり、全体として前者よりよい訳になっています。

これら『与件』の系譜をまとめれば前ページの表4のようになるでしょう。

三 『与件』の訳者と『原論』の訳者

『与件』ラテン訳の成立

それでは次にこの我々の『与件』のラテン訳は、どのようにして成立したのでしょうか。この問題を次のふたつに分けて考察してみましょう。

(1) いつ、どこでこのラテン訳はつくられたのか。
(2) だれがこのラテン訳をおこなったか。

第一点の、この翻訳がなされた時代と場所については、これまで述べてきましたように、西欧ラテン世界にギリシア学術の回復運動がまき起るのは十二世紀であり、しかもこの翻訳の仕方がすでに見たように、語順までギリシア原文のままを墨守する、「言葉から言葉へ」(de verbo ad verbum) 極めて忠実なものであるゆえ、この翻訳活動の初期、つまり十二世紀に属するものと考えてよいでしょう。実際、翻訳は初期のものほど、語順や小辞の対応をそのままにするほど忠実で、これが十三世紀になると、もう少し自由な訳になり、ルネサンスの頃のラテン訳はいっそう自主的な訳になりますが、十二世紀の訳は原典に忠実で、それには一指も触れない。ただギリシア語をラテン語に置き換えるだけだという感じなのです。

これはどうしてかといえば、やはり十二世紀のヨーロッパにとってギリシアの原典というのは素晴しい宝物なのであって、それを少しでも変えてしまってはいけない、という意識があったのでしょうね。そういうことからして、これが十二世紀の翻訳であるということは、間違いないと思います。実際、第二点の翻訳者の問題と関連して、時代はいっそう限定され、一一六〇年前後だということがわかるのですが、いまはとにかく十二世紀としておきましょう。

それからどこでという場所の問題については、前述したように、十二世紀ルネサンスの三つのルートが考えられるわけですが、そのうちスペインでは、翻訳はもっぱらアラビア語からなされました。我々の『与件』のラテン訳はギリシア語から来ていて、アラビア語から来ているのではありませんから、まずスペインがはずされる。そうすると残るのはシチリアか北イタリアということになりますが、北イタリアでは、前に述べましたように論理学や神学の書物の翻訳が中心であるのに対し、シチリアでは数学的自然学の傾向が非常に強いですから、シチリアが最も可能性の大きい場所ということになります。実際シチリアでプトレマイオスの『アルマゲスト』をギリシア語からラテン訳したサレルノの一学究——彼のことを冒頭で述べたようにハスキンズとハイベアが研究しました——の翻訳の序文のなかに、ユークリッドの『与件』『光学』『反射光学』およびプロクロスの『自然学原論』(*Elementatio physica*) への言及があり、問題の『与件』のギリシア語原典がシチリアに存在していたことが示されています。のみならず、この『アルマゲスト』をシチリアでラテン訳した人こそ、また我々の『与件』の訳者である、と私は想定しているのです。

この論証は(2)の翻訳者の同定の問題と関係するわけですが、以上の事情により、『与件』のラテン訳の時と場所については十二世紀のシチリアであると考えられ、それ以外の可能性は見出せないのです。

そこで次に第二の、誰がこれを訳したかという問題に入ろうと思います。我々の『与件』の写本のどこにも翻訳者の名前は書かれていません。写本によって、この翻訳は誰それによってなされたと書き入れられているのもありますが、そうでない場合は、同時代のすでに翻訳者が分っている翻訳と、小辞や基本語の訳し方を比較し、その翻訳の特徴をたしかめることによって翻訳者の同定を試みなければなりません。この際とくに小辞や基本語の訳し方に注目するのは、これらの言葉は頻出して一定のパターンを示しているので、翻訳者のくせをつかまえ、人物を同定するのに好適だからです。

この古典文献学の定石に従い、私はまずオックスフォードの中世文献学の泰斗ミニオ＝パルエロ（Lorenzo Minio-Paluello）が研究していた多くのラテン訳者たち、すなわちブルグンディオ、バルトロメオ（Bartholomeo）、アリスティップス、グロステスト、ムールベーケのギヨームらの翻訳の仕方と比較して検討しましたが、このなかに我々の訳者を見出すことはできませんでした。翻訳の仕方が部分的に一致することがあっても、とくに次の一点においで彼らからはっきりと異なっています。すなわち我々の『与件』の訳者はギリシア語の小辞 *δή* を autem, vero または et と訳すのに対し、他の訳者は、おおむね utique または itaque と訳していることです。そこで私は踵を返して、さきに触れた『アルマゲスト』のラテン訳の序文にある四つの著作、つまりユークリッドの『与件』『光学』『反射光学』とプロクロスの『自然学原論』のラテン訳を相互に比較してみることにしました。『光学』と『反射光学』のラテン訳は、まえに挙げた『与件』のオックスフォード写本の続きに含まれていましたから、これを用いることができたし、プロクロスの『自然学原論』のラテン訳は、ちょうどその数年前にドイツの文献学者ヘルムート・ベーゼがそのテクストを公刊してくれていました（Hermut Boese, *Die mittelalterliche Übersetzung der Στοιχείωσις φυσική des Proclos*, Berlin, 1958)。

これらのラテン訳と我々の『与件』のラテン訳を較べてみると、そこにはほとんどすべての小辞の翻訳様式の一致が見られるのみならず、ἀλλήλων = ad invicem, ἐφεξῆς = deinceps, ἐπ' εὐθείας = in directo などのような特有な訳し方をはじめ全体としてよく合致しており、この序文で言及されている四つの著作が同一人物によって訳されたことをほぼ確信するに至りました。問題は当の『アルマゲスト』のラテン訳者との関係ですが、これについてはすでにハスキンズの研究があり（Ch. H. Haskins, *Studies in the History of Medieval Science*, 2nd ed. Cambridge, Mass., 1921）、それによればプロクロスの『自然学原論』の訳者と『アルマゲスト』のそれとは同一人物であるというのです。この結論はプロクロスのテクストを公刊したベーゼにもうけつがれ、むしろ彼自身の新研究によりいっそう補強されさえしています。

そこでハスキンズ-ベーゼの結論を受けいれるとすると、等号は同一の訳者の手になることを意味するとして、翻訳について次の関係が成り立つことになります。

(1)『与件』＝『光学』＝『反射光学』＝『自然学原論』（私の研究により）

(2)『自然学原論』＝『アルマゲスト』（ハスキンズ-ベーゼの研究により）

これから次の(3)の結論が導き出されます。

(3)『与件』＝『光学』＝『反射光学』＝『自然学原論』＝『アルマゲスト』

もしそうだとすれば、『アルマゲスト』の訳者がその序文で次のように言っていたことは重要です。

私はすでにギリシア語をしっかり教えこまれていたので（言語的障害はなかったが、『アルマゲスト』翻訳の準備として）最初にユークリッドの『与件』『光学』『反射光学』およびプロクロスの『自然学原論』にまず手をつけた（prelusi）。

ここで「まず手をつけた」と言っているのは、これらの著作を予備的に研究しただけでなく、それらを翻訳したことを意味しているかも知れません。そこでウィスコンシン大学の学位論文では、一応次のような結論を出しておきました。

(1)　十二世紀のシチリアにおいて、ある一人の人物によって、ユークリッドの『与件』『光学』『反射光学』およびプロクロスの『自然学原論』が訳されたことは、ほぼ確実である。

(2)　この訳者は、すでに知られている『アルマゲスト』の訳者と同一である蓋然性が大きい。

J・マードックの研究

ところがこの学位論文（一九六三）が提出された四年後にジョン・マードックの重要な論文が発表されました。マードックはハーヴァード大学の中世科学史の教授で国際中世哲学会の会長にもなった立派な学者ですが、私と同じようにウィスコンシン大学のクラーゲット教授の下で学位をとった、いわば私の兄貴分に当る人です。彼は一九六〇年代のはじめに、ユークリッド『原論』の中世ラテン訳の写本を発見し、『ハーヴァード古典文献学研究』七一巻（一九六七）に、これについての研究論文「ギリシア語から直接訳された、これまで知られていなかった『原論』の中世ラテン訳」（"Euclides Graeco-Latinus — A Hitherto Unknown Medieval Latin Translation of the *Elements* Made Directly from the Greek"）を発表しました。

従来ギリシア語から直接ラテン訳された『原論』は中世には存在しなかったとされており、この中世ラテン訳はボエティウスやゲルベルトゥスの断片の伝承を除いては、アラビア訳から重訳されたものだけで、ギリシア語から全部完訳されたのはルネサンスにいたってであるとされていましたから、マードックによって『原論』全巻のギリシア語原典からの中世ラテン訳の写本——パリとフィレンツェ——が発見されたことは、驚くべきことであったといわねばなりません。彼の発見したパリ国立図書館とフィレンツェ中央国立図書館のふたつの『原論』のラテン訳の写本は次のようなものでした。

(1)　MS Paris, Bibl. Nat. lat. 7373, 13c. 2r-167v & 173r-175v.
(2)　MS Firenze, Bibl. Naz. Cent., Fondo Conventi Soppressi, Cl 448, 14c. 1r-104v.

マードックはこれらの内容を分析し、それがともにギリシア語から直接ラテン訳された同一の内容のものであることを明らかにしました。このように『原論』のギリシア語からのラテン訳があるとすると、その訳者と我々の『与件』の訳者との関係が直ちに問題になってきます。マードックも『アルマゲスト』『与件』『光学』『反射光学』の訳者との関係を、小辞などの翻訳様式を詳しく調査することによって再検討しました。その結果として、ユークリッドの『与件』『光学』『反射光学』は同一人物の訳であることについては私と全く同じ結論に達し、またプロクロスの『自然学原論』についてもほぼ同一人物によって訳されたであろうとしながらも、プトレマイオスの『アルマゲスト』とユークリッドの『原論』については、もう一人の異なった人物がこれを訳したと想定しました。（つまり私の学位論文の結論(1)には賛成で、結論(2)には反対ということになります。）

その主な根拠としてマードックが挙げている論点は、次のようなものです。

(1)　後のふたつの著作（『マルマゲスト』と『原論』）の訳者はギリシア語の ὅτι（……であること）をつねに quoniam と訳しているのに、前の三つの著作（『与件』と『光学』と『反射光学』）では quoniam と同じくらいに quod が用いられていること。

(2)　後の二者ではギリシア語の小辞 δή に対して ergo が用いられているのに、前の三者ではautem, vero, etが使われていること。

さらに目立った術語の訳の違いとして、

(3)『原論』と『アルマゲスト』の訳では*ἐπιζευγνύναι*（結びつける）に対してcopulareが用いられているのに対し、先の三つの著作の訳ではconiungereが使われていること。

(4)後二者では*γράφειν*（画く）に対し、scribereが用いられているのに対し、前三者ではdescribereが使われていること。

を指摘しています。

一九八〇年に私はさきに挙げた英文著作を出版するときには、すでにマードックの発見した『原論』のラテン写本を手に入れていましたが、その内容をまだ詳しく検討できなかったので、そこではマードックの議論が一応有力なものであることを認め、「実際にこれらのシチリアの科学的著作が異なった二人の人物によって訳された」という可能性を一方では受け入れながらも、同時に私の瞥見した『原論』のラテン訳が、我々の『与件』の訳と全体として著しく似ているという印象が拭いがたいので、あるいは同一の訳者が、その訳し方を部分的に変化修正させていったかも知れないと述べ、この問題の最終的結論は未だ開かれており、早く『原論』のラテン・テクスト全体が公刊され（マードックの論文にはほんの一部のサンプルしか載せられていない）、単に小辞の翻訳語の頻度を形式的に数え上げるというように止まらず、『原論』のテクスト全体が『与件』のテクスト全体と内容的に比較されるようになることを希望しておきました。そしてこの著作の出版後、直ちに東大の科学史の大学院の授業で、マードックの発見した『原論』のラテン訳を前掲のパリ写本に基づいて詳しく吟味してみるという作業に入りました。そこで判ったことをここに書きとどめ、さきのマードックの議論に対する私の反応を述べておきましょう。

マードックの見解の吟味

まず私が直感したように『原論』のラテン訳と『与件』とは全体として著しく類似していると言えます。この類似点のなかには *ἐπ' εὐθείας* = in directo、*ἐφεξῆς* = deinceps、*διά* = eo quod、*καθ' ὅ* = secundum quod のような特徴的なものや、格を示すため *τῇ ΔΕ* = ei quod est DE のように補いをすること、さらには *παράλληλαι* = parallile のようにギリシア語の *η* を e ではなく i に転字することなどが含まれています。しかし小辞や用語の一致の例は挙げてもきりのないくらいですから、むしろ反証として提出されている相違の方を検討すべきでしょう。

まずマードックが指摘している *δή* = ergo ですが、これはたしかに著しい違いです。とくに私は『与件』の訳者の特徴として *δή* = autem, vero, et を挙げてきたのですから、これは無視できない相違点です。しかしギリシア語のテクストをよく読んでみると *δή* が ergo と訳されている箇所は、たとえば『原論』の命題一で「与えられた有限な直線の上に等辺三角形をつくること」とあり、ついでこれに具体的名称を与え、「与えられた線分をＡＢとする」として、「それゆえに線分ＡＢ上に等辺三角形をつくらねばならない」と結論するときに多く用いられています。δή は一般に δέ と異なり、すぐに連続するのではなく、ひとつ話がきれて「ところで」、「それでは」という意味に用いられる小辞ですが、『与件』ではこのような使われ方であり、したがって autem, vero, et などと訳してよいのですが、右の『原論』の箇所のように、命題に具体的名称を付し、その結果として「それゆえ」にどうこうという場合は、たとえ同一の訳者の場合でも autem や vero は用いえず、その場合には「それゆえ」の意味で ergo を使ったのではないでしょうか。したがってこの差異も、その使われ方の文脈にまで立ち入ってみると、必ずしも訳者の違いを決定的にするものとは言えません。

　つぎに ὅτι = quoniam の問題ですが、これはもっと簡単に答えられます。なぜなら『与件』においても ὅτι に対して quoniam が用いられているのであり、ただ quod も用いられているのは、すぐ次に ἐπεί（……のゆえに）に対して quoniam が用いられている場合で、これと混同されるのを避けたのでしょう。それにもかかわらず、まだ ὅτι = quoniam というすっきりしない訳し方が『与件』にも残っているということは、かえって『原論』の訳との連続性を示唆すると言えないでしょうか。

　さらに用語の相違については、まず ἐπιζευγνύναι = copulare については、これもまた

『原論』のテクストについて見てみると、それが『与件』の場合と使われ方を異にしていることが分ります。すなわち『与件』では、このギリシア語は「点Aと点Bとが結ばれる」というような文脈で用いられており、ここではしたがってconiungereでよいのですが、『原論』では大体「点Aから点Bまで線分ABが引かれる」というような文脈で用いられており、ここではいかに同一の訳者でもconiungereは使えないでしょう。「点Aと点Bが結ばれる」というのはよいが、「線分ABが結ばれる」は意味をなさないからです。この場合には「線ABという帯（copula）がつくられる」という意味でcopulareが使用されたのでしょう。それゆえここでも使われた文脈にまで立ち入ってみるならば、同一のギリシア語が『原論』と『与件』とで訳し分けられていたとしても、それが訳者の違いを決定づけるものとはいえず、同一の訳者がこの使われ方の文脈の違いによって異なる訳語を与えた、または与えざるを得なかったとも考えられます。

またつぎの *γράφειν* = scribere はいっそう簡単で、実は『原論』ではscribereだけではなくdescribereが用いられているのであり、これが『与件』においてもっぱらdescribereとなったのは、こちらの方が意味上限定されて適切なので、これに訳語が固定していったと考えることができます。

その他マードックが指摘していない『原論』における訳語としてostendere（『与件』ではdemonstrare）、sistere（『与件』ではconstituere）らがあるが、これらもよくみると

demonstrare, constituere と併用されていて、『与件』との連続性を示しています。

要するにマードックが『原論』と『与件』の訳語の違いに基づいて提出している議論も、その訳語を文脈のうちにおいて考えるときには必ずしも成り立たないことが分るのです。ただ二、三の訳語が違っているということを形式的に指摘するだけでは駄目で、その訳語の機能を文脈全体のうちに置いて考えなければ、十分とはいえません。このようにみるとき、その訳語の異ならざるを得なかった理由が判明するのであり、必ずしも訳者の違いを結論しうることにはなりません。

さらに『原論』と『与件』とでは、たとえ違った訳語を用いたときも、同時につねに同じ訳語を併用しているという事実があり、これもふたつの翻訳の間にある種の連続性が保たれていることを暗示します。

以上のように見てくると、マードックの議論にもかかわらず、『原論』と『与件』とが異なった人物によって訳されたというのは決定的であるとはいえず、むしろ同一人物が両者の翻訳において、その状況の違いに応じて、ある場合には微妙に訳し方をわずかに変えていったとする可能性の方がずっと大きいと思います。そしてこの想定を根本的に支えているものは、何よりもまず両者の翻訳の全体としての著しい類似なのです。もしこの訳者にして異なる人物だというなら、それはほとんど私にとって「ドッペルゲンガー」(Doppelgänger 瓜ふたつの二人) と言わざるを得ません。

これからもまだ探究が進められていかねばならないと思いますが、これまで私が調べたことが正しいとするなら、十二世紀のシチリアにおいて、ある同一の人物がプトレマイオスの『アルマゲスト』、ユークリッドの『原論』『与件』『光学』『反射光学』およびプロクロスの『自然学原論』をギリシア語からラテン訳したということになります。それはちょうどあの有名なクレモナのゲラルドがスペインのトレードにおいて多くの重要な科学書をアラビア語からラテン訳した事業にも匹敵する十二世紀ルネサンスのきわめて大きな成果であったと言ってよいでしょう。かくして、ゲラルドについで、他の十二世紀の訳者たちを凌駕するような人物が、シチリアに存在していたということになります。

サレルノの学究とは誰か

しからば、このシチリアの多産的な訳者とは一体どういう人なのでしょうか。それについて知られることといえば、『アルマゲスト』の翻訳の「序文」において訳者自身が語っていることのみです。それによって少なくとも次のようなことが言えます。

十二世紀の中頃、イタリアの南部で医学の研究をもってきこえたサレルノに、ギリシア語と数学に長じた一人の熱烈なギリシア科学の愛好家がいた。彼はサレルノで医学を学んでいたが、プトレマイオスの『アルマゲスト』の写本が、ビザンティン皇帝の贈物として、コンスタンティノープルからパレルモにもたらされたことを聞き知り、これをもたらした人ヘンリクス・アリスティップスを訪ねるべく、シチリア島に渡った。そして当時エトナ火山の爆発の危険を冒して研究していたその人にペルグサの近くで会い、その写本を写す許可を得た。このサレルノの学究はすでにギリシア語によく通じていたので、これをラテン訳するのに何ら言語的障害はなかったが、しかしその翻訳の準備として、はじめにユークリッドの『与件』『光学』『反射光学』、プロクロスの『自然学原論』に手をつけた。このようにして『アルマゲスト』翻訳の準備なるや、シチリアのもう一人の文化人でギリシア語とアラビア語に通じ、ラテン語にも不案内でなかったパレルモのエウゲニウスの助力を得て、『アルマゲスト』の翻訳を完了した。

大体以上のことが、『アルマゲスト』のラテン訳の「序文」における訳者自身の証言から分ります。『原論』の翻訳は恐らくその後間もなくなされたものでしょう。マードックもそう考えています。『与件』『光学』『反射光学』『自然学原論』は、さきの『アルマゲスト』の序文にある「まず手をつけた」(prelusi) という言葉を「翻訳」の意味にとれば、『アルマゲスト』以前に訳されたことになります。しかし現在では、これらは『原論』の後に訳されたのではないかという感触を私はもっております。というのは『原論』の訳においてはまだ訳語が一義的にきまらず、いくつかの言葉を試行的に併用しているのに、『与件』の訳においてはそれがひとつにきまってくるような現象にしばしば出会っているからです。そうだとすれば、prelusi の動詞の意味は、単に「予め研究した」ということになりましょう。

いずれにせよ、これらの翻訳がなされたのは、一一六〇年を過ぎた頃であると推定されます。なぜならさきの「序文」で言及されている『アルマゲスト』の写本が、ビザンティン皇帝の贈物として、コンスタンティノープルからシチリアにもたらされたのは、一一五八年に両国が平和を回復した直後と考えられるからです。このときアリスティップスはちょうど政治上の要職にあり、和平の使節になる可能性は十分あったし、他方ビザンティン皇帝側にもその軍事作戦の失敗のゆえに、この使節にいろいろな贈物を与えて歓待する理由がありました。そしてアリスティップスは一一六〇年にギヨーム一世の閣僚にのぼり、六二年には早くも失脚して投獄されていますから、このサレルノの学究がアリスティップスにペルグサで会ったというのは五八年から六二年の間、すなわち一一六〇年頃としなければなりません。この頃彼はアリスティップスから『アルマゲスト』の写本を手に入れ、それをラテン訳すると同時に、それに続けてユークリッドの『原論』『与件』『光学』『反射光学』、プロクロスの『自然学原論』を、ほぼこの順序でラテン訳していったと思われます。

最後にこの訳者の名前はなんというのでしょうか。『アルマゲスト』の訳の「序文」にも訳者は自分の名を語っていません。他の翻訳の写本にも名前は書かれていません。したがってこれまでは単にサレルノ出身の名前不詳の学究としてのみ言及されてきましたが、しかしよく注意してみるとその名前を明らかにする手掛りはあったと私は思います。というのも『アルマゲスト』のラテン訳の現存する四つの写本のうちのひとつ（MS Vat. Pal. lat.

1371, 13c. 44v）の欄外に次のような書き込みがあるからです。

「ロジェール王の治下のパレルモの町で、ヘルマヌスによりギリシア語からラテン訳された。」(Translatus in urbe Panormi tempore regis Roggerii per Hermannum de greco in latinum.)

それにもかかわらず、この注記がこれまで看過されてきたのは、このヘルマン（Hermann）というのが、カリンティアのヘルマンを意味するとはじめからきめつけられ、カリンティアのヘルマンはアラビア語からラテン訳はしたが、ギリシア語からは翻訳したはずがないからとして、無視されてきたようです。しかしヘルマンというのはどこにもある名前であり、これがカリンティアのヘルマンである必要はないわけです。現に少し前の十一世紀にはライヒェナウに跛者ヘルマンがいました。それにカリンティアのヘルマンはスペインで活躍したのであり、シチリアのパレルモで翻訳したというのもおかしなことです。したがってこれはカリンティアのヘルマンとはもともと関係のないもう一人のヘルマンであり、言うなれば「サレルノ出身のヘルマン」(Hermannus Salernitanus)、イタリア語で言えば「サレルノのエルマンノ」(Ermanno da Salerno）ということになるでしょう。現在与えられている証拠を素直にうけとれば、このシチリアの多産的な翻訳者の名前はエルマンノだとしてよいでしょう。

かくしてハスキンズとハイベアの研究にはじまった十二世紀のシチリアの科学ルネサンス

は、近時その全貌が次第に明らかになりつつあり、ここに多くの光が投げかけられてきたと言えるでしょう。実際その後ウィスコンシン大学の後輩タイゼン（Wilfred Theisen）により、ユークリッドの『光学』のラテン訳も校訂編纂されましたし（*The Medieval Tradition of Euclid's Optics*, Ph. D. Diss. Univ. of Wisconsin, 1972）、さらに私の許で中世科学史とラテン古文書学を学んだ高橋憲一氏（現九州大学教授）により、『反射光学』の立派なラテン・テクストも校訂出版されました（Ken'ichi Takahashi, *The Medieval Latin Traditions of Euclid's Catoptrica*, Kyushu University Press, 1992）。しかしまだなされるべきことも残っています。たとえばヘロン（Hērōn）の『気体学』（*Pneumatica*）もここでラテン訳されたらしく、その写本も残存していますが、まだ十分研究されていません。シチリアの科学ルネサンスはなお鍬を入れられる余地があります。

しかしこれまでお話したことからも、十二世紀ルネサンスにおいて占めるシチリアの重要な位置については、十分ご理解いただけたと思います。

第七講　ロマンティック・ラブの成立

一　トゥルバドゥールの登場

前回は私の学位論文に発する、やや専門的で面倒くさい話をさせていただきましたが、今日はがらっと調子を変えまして、「ロマンティック・ラブの成立」という、私の専門とは少し離れますが、しかし私も大変興味をもっており、皆さんにも楽しんでいただけるテーマについてお話ししたいと思います。これまで西欧における十二世紀ルネサンスのいろいろな側面を見てきました。そして西欧が十二世紀にアラビアやビザンティンからどんな影響を受けてきたかということを、哲学や科学の領域で見てまいりましたが、今日は最後に文学におけるアラビアの西欧への影響というものを見てみようというわけです。

いったい文学というこの分野で十二世紀の西欧に何が起ったのか、どんな新しいことが出現したのかと申しますと、それは「ロマンティシズムの勃興」ということであり、「ロマンティック・ラブの成立」であり、その文学的表現としての「トゥルバドゥールの登場」と言ってよいでありましょう。

トゥルバドゥールとは、十二世紀の南仏に現われた愛を歌う吟唱詩人のことですが、いったいこのトゥルバドゥールの歌い上げた愛とそれ以前の西欧文学における愛とがどのように異なるか、あるいはそこにおける男女の関係がどのようなものであったかを見るために、われわれはその直前の十一世紀末に書かれた『ローランの歌』(*La Chanson de Roland*) という作品にまず目を通しておきたいと思います。

『ローランの歌』

この『ローランの歌』はいわば西欧文学の誕生をつげる叙事詩で、実際それ以前においてロマンス語で書かれた文学というものには、ほとんどみるべきものがないようです。これがロマンス語で書かれた最初のヨーロッパ文学と言えるものだと思いますが、そこでは愛というものがどのようなものであったのか、そこでは女性はどういうふうに位置づけられていたのかということをとり上げてみましょう。

この『ローランの歌』というのはご承知かもしれませんが、七七八年にシャルルマーニュ（カール大帝）がイスラムのサラゴサの町を攻略してスペインから引き揚げてくるとき、そのしんがりをつとめた後衛軍がピレネー山脈西方のロンスヴォーの峠で、その地方の住民バスク人に襲われて全滅した事件を題材にしていますが、しかしこの作品では、そのバスク人は、アラビアのサラセン人に代えられています。このサラセン人に攻撃されて後衛軍が全滅したという悲劇を物語ったものなのです。その後衛軍を指揮したのがほかならぬローランというたいへん優れた勇将でした。実際の事件は七七八年ですから八世紀ですけれども、物語は十一世紀末の第一回十字軍のころの雰囲気で書かれているのです。同時代的なイメージで書かれていて、ずいぶん時代錯誤があるのです。

サラセンの軍隊が後を追ってきて、ロンスヴォーの峠で待ち構えていて彼らを急襲するのですが、そのとき安全に撤退するために角笛を吹いてシャルルマーニュの本隊を呼んで助けを求めるかどうかということで意見が分れ、ローランの親友のオリヴィエは角笛を吹くように提案するのですが、ローランは古武士の自尊心か、あるいは自分自身で守るという自負心からか、それを拒否し、その結果としてローランは自分の仲間および部下のすべてを死なせて最後に自らも壮烈な戦死を遂げるという、四〇〇二行の長篇叙事詩です。そこには粗野で武骨な、戦闘的なゲルマン民族の一途な騎士魂の発露というものは見られますが、しかし女性への愛や雅びの精神のひとかけらも見られません。

まず最初のところから少し読んでみましょう。これは有永弘人さん訳の『ロランの歌』(岩波文庫)によります。

われらの大王シャルルル王は

まる七年、スペインにありて、
高き土地を海まで征せり。
彼の前に支え得る城はなく、
城壁、城市、打ち毀《こぼ》つべきは残らず。
ただサラゴスのみは、山上にありて、
マルシル王これを領す。彼、神を愛せず。
マホメに仕え、アポランに頼る。
わざわい、彼を襲わざる得ず。

ここでも当時の西欧のイスラム認識に非常な混乱のあることがわかるわけで、ここでは預言者ムハンマド（マホメ）が神様になってしまっていたり、ギリシアの神アポロン（アポラン）がイスラム教徒の神のように書かれていたりしています。さらにテルヴァガンという神がいたり、一般にイスラムが多神教のように誤解されていました。こういう誤解はここだけではなく、十一世紀には広く流布していたのです。前にも触れたように、十二世紀になって尊者ピエールが『コーラン』のラテン訳を完成させて初めて、だんだん西欧のイスラム認識が正しいものになってゆくのです。

それはそれとして、今ここで問題になっているのは女性に対する愛の問題なのですが、ローランも苦戦して困ってしまって、とうとう、自分も角笛を吹こうと言いだします。

ローランいう、「われらの戦い、苦戦なり。
われ角笛を吹かん。シャルル王それを聞かん。」
オリヴィエいう、「そは、武勇とはならじ。
われそれを言いしとき、戦友よ、君、なしくれざりき。
王来りせば、われ損害を受けざりしならん。
そこに横たわる者共、このため咎め受くるいわれなし。」
オリヴィエいう、「わがこの顎髯《あごひげ》にかけて言わん、
われ、いとしき妹オードに再会するを得ば、
君、断じてその腕に抱かれて寝ることなからん！」

つまり、それに対してオリヴィエが言うわけですね。俺がそれを提案したときにやってくれなかったではないか。お前は非常に勝手だ。そのためにたくさんの仲間が斃《たお》れた。俺は俺の髯に懸けて誓うけれども、可愛い妹に再会することができたとしても、お前の腕になんか抱かせてやらないぞ、というのです。つまり、このオードというオリヴィエの妹はローランの許嫁なのですが、この言葉でもわかるように、妹は兄の意志によって操られる人形のよう

なものであり、この場合オード自身の気持や主体性はまったく認められていないのです。
そしてローランは最後に角笛を吹きます。長く長く、何度も何度も吹くのです。そしてそれはシャルルマーニュの本隊に聞えます。彼らは急いで戻ってきますが、そのときはもう遅くて、全員戦死しています。それでシャルルマーニュは怒って敵に復讐したあと、首都エクス（今のアーヘン）に帰って、恋人の安否を尋ねるオードに向って、慰めの言葉を与えますが、それはどういうものであったかと言うと、こうなのです。

わぎも子よ、親しき友よ、汝われに求むるは、死者の消息《たより》ぞ
なお一段とすぐれたる替《かわ》り、汝《なれ》に取らせん。
そは、ルイなり。これにまさる者、われは語り得ず。
彼、わが息にして、わが諸州を領せん。

お前が私に問うているのは、実は死んだ人のことなのだ。しかし、そのかわりもっと優れた若者をお前にあげよう。それは自分の息子のルイだ。彼はわが諸州を領する、これに優るものはないだろう、というのですね。ここではオードの内面の悲しみに立ち入らず、あたかも別の品物を与えるかのように、自分の息子をやると言っているのであり、きわめて即物的で、ここにはロマンティック・ラブというべきもののひとかけらもないと言っていいと思い

ます。

またローランは死にのぞんでいろいろなことを想い出しますが、それらはもっぱら神に罪の許しを願うことと名誉ある征服者として死ぬことであって、許婚のオードのことなど一言も出てきません。これは心で思っていたけれども口には出さないというようなものではなく、そんなことは、そもそも問題とならないのです。

当時のゲルマンの封建騎士道にあっては、戦友同士の友情や領主に対する恩義が重要であって、女性は男性にとって対等な愛の関係を結ぶ人格的存在ではなく、さきほども「お前に抱かせてやる」というような言葉が出てくるように、単に彼らの性的欲望の対象でしかなかったのです。

図18　アルフォンソ十世の『サンタ・マリア讃歌』写本

トゥルバドゥールの出現

ところが十二世紀になると、突然南フランスのラングドック（Languedoc）やプロヴァンス（Provence）の地において、女性を高貴な存在として崇め、彼女に熱烈なロマンティックな愛を捧げるトゥルバドゥールたち（les troubadours）の愛の抒情詩というものが高らかに奏でられるようになります。女性を高く評価し、その成就が困難であればあるほど、愛の質が高められるという、新しい「宮廷風恋愛」（amour courtois）が出現して来ます。このトゥルバドゥールが歌い上げる愛というのはだいたい宮廷においてなされる、身分の高い貴婦人に対する恋愛です。未婚の女性に対する恋愛ではなくて、たとえば領主の奥方とか、既婚の、身分の高い貴婦人に対して、その名を告げずに、一方的に秘めて、そして熱烈な愛を捧げる、そういう騎士的な愛です。これが「宮廷風恋愛」で、それを歌ったものがトゥルバドゥールの愛の抒情詩です。

このトゥルバドゥールという言葉は、オック語の trobador に由来します。これは trobar（作詞作曲する）という動詞から来ていますから、トゥルバドゥールとは、創作し、作曲する抒情詩人という意味であるといわれています。しかしこの人々は詩をつくり、それに曲をつけるだけではなく、それを歌うわけです。リュートという楽器で伴奏して歌うのです。リュートというのは、日本の琵琶を思い出して下さればいいのですが、ギターのようなものです。図18で抱えている楽器がリュートです。この図は、ヨーロッパの楽人がアラビア人にリュートの弾き方を習っているように見えるのですが、皆さんはどう思われますか。このことはまたあとで問題にします。

このトゥルバドゥールとよばれる人びとは宮廷に仕えた芸術家で、いわゆる旅芸人のジョングルール（jongleur）とは違います。これははっきり区別しなければいけないということを『トゥルバドゥール』（*Les troubadours*）の著者アンリ・ダヴァンソン（Henri Davenson 実はアンリ＝イレネ・マルー Henri-Irénée Marrou）は強く主張しています。ジョングルールというのは旅芸人で、これは町から町へとさまよい歩く大道芸人です。だから歌も歌うし踊りも踊るし、曲芸もするし、その他人形芝居もやりながら、辻から辻に渡り歩きます。トゥルバドゥールというのはそうではなくて、もっと立派な芸術家なのです。実際、領主や貴族がトゥルバドゥールであったりしています、最古のトゥルバドゥールと言われているポアチエ伯ギヨーム九世などは大領主ですね。そこでトゥルバドゥールを吟遊詩人と訳すのはよくないということを、ダヴァンソンの本を訳された新倉俊一さんも繰り返し述べておられます。

ところで、さきほどのトゥルバドゥールの語源になっているtrobarというオック語の起源を考えてみましょう。私は、これはどうもアラビア語から来ているのではないかと思います。アラビア語にṭaribaという動詞があります。これは喜びや悲しみにより心が動かされることを意味します。これから出てくる名詞としてṭarabがあり、これは喜びやまたそれをもたらす芸能、とくに音楽を意味します。そしてさきの動詞の第Ⅳ型aṭrabaは、そうした喜びや悲しみにより心を動かす音楽を奏する、歌をうたうことを指します。この第Ⅳ型の動詞のはじめのaが落ち、ṭraba→troba→trobarとなっていったのではないでしょうか。

そうだとすると trobar という言葉の原義には、単に作詞作曲するだけでなく、実際に楽器を演奏しながら、それを歌唱することが含まれていたと思います。そこで私は、トゥルバドゥールを吟遊ならぬ、吟唱詩人とよんでおきます。その吟唱のために用いた楽器がさきのリュートですが、このリュート（lute）という言葉もアラビア語起源で、もとはアラビアの楽器の名ウード（ūd）で、それにアラビア語の定冠詞 al がついて al-ūd となり、さきほどと同じくはじめの a が落ちて、lūd → leut（古フランス語）→ lute となっていったものです。これ以外にリュートの語源は考えられません。

このようにトゥルバドゥールのもとの意味も、彼らが用いた楽器もアラビア起源であるとすれば、この南仏に新たに巻き起った愛の詩と音楽はアラビア世界と深く結びついていることが示唆されます。それを端的に示すのが、さきに掲げた図版で、これはアルフォンソ十世の『サンタ・マリア讃歌』（*Cantigas de Santa Maria*）の写本にあるものですが、この賢王（el Sabio）の宮廷においては、アラビアと西欧の文化の交流が活発に行なわれていたことは、よく知られています。もっともそれは十三世紀のことになりますが、こうした交流がもっと遡ってスペインの地で早くから行なわれていたと想像してよいでしょう。

さて、このアラビア起源の問題には、またあとで戻ることにして、トゥルバドゥールの例としてどんな人がいるか、何人か挙げてみましょう。だいたい十二世紀、十三世紀を通して四百人ぐらいのトゥルバドゥールがいたようですが、そのうち、女性は二十人ぐらいで、ほとんどが男性です。代表的な人物を挙げますと、まず最初のトゥルバドゥールと言われているポアチエ伯ギヨーム九世（Guillaume IX de Poitiers）。それから非常に有名なジョフレ・リュデル（Jaufré Rudel　一一四七年ごろ活躍）。さらにヴァンタドゥールのベルナール（Bernard de Ventadour　一一五二―五五年ごろ活躍）。「トゥルバドゥールの巨匠」とよばれたギロー・ド・ブルネイユ（Guiraud de Bourneil）。それからアルノー・ダニエル（Arnaud Daniel）。この人は、ダンテが『神曲』を書いたときに、とくにトゥルバドゥールとして言及していますね。

吟唱詩人ジョフレ・リュデル

その中で特にジョフレ・リュデルをとり上げてみたいと思います。彼の作品にはトゥルバドゥール的な愛のひとつの典型的理想像が描かれているからです。十三世紀に編まれた『トゥルバドゥール評伝』（*Biographies des troubadours*）のなかにトゥルバドゥールたちの「伝記」（vida）がしるされていますが、リュデルについては次のように語られています。

ジョフレ・リュデル・ド・ブライユはいとも身分の高い貴族で、ブライユの領主であった。そして彼は、アンチオキヤから帰った巡礼者の口から、トリポリ伯夫人のよき評判を耳にすると、見ぬうちから夫人に恋してしまった。そのため、夫人について、言葉こそ足らぬが、美しい調べに乗った詩を数多くつくった。さらに、夫人に逢いたい一心から、十字軍に加わって出航した。が、船中で病を得て、トリポリは、とある宿に瀕死の状態で運びこまれた。この事が伯爵夫人に知らされると、夫人は彼の許に訪ねて来て、その腕の中に彼を抱き入れた。すると、彼はそれが伯爵夫人であることに気付いて、視力と聴覚と嗅覚とをとり戻し、夫人に逢えるこの瞬間まで、生き永らえさせてくれたことを神に感謝した。このようにして、彼は夫人の腕に抱かれたまま死んだ。そこで夫人は、丁重に礼をつくして、聖堂騎士団の神の家に、彼の亡骸を埋葬した。そして、同じ日、しばらくして、彼女は、彼の死で抱いた悲しみのために、修道院に入ったのである。（新倉俊一訳）

図19　ジョフレ・リュデルとトリポリ伯夫人

このように自分が憧れた女性への愛は、トゥルバドゥールにとっては命を賭けるに値するものであり、こうした女性に対する愛は、ギリシアにも、またそれ以前のキリスト教世界にもありませんでした。ギリシアの愛と言えば、これは本質的に同性愛ですから、女性に対する愛ではありません。それは、たとえばアキレウスとパトロクロスとか、ソクラテスとアルキビアデスというような男性間のものです。ギリシア語のエロスという名詞は男性ですね。エロスという神のイコノグラフィーは男性なのです。エロスから出たエロティックという言葉を使うと女性的な感じがするけれども、そうではない。ギリシアのエロスというのは男性的なものなのです。ですから、こうした女性に対する愛などというものはギリシアにはありませんでした。

キリスト教世界ではどうだったでしょうか。それも初期には、『ローランの歌』に見られるような、まことに即物的なものであったわけですから、ここでも女性に対するロマンティックな愛というものはなかったのです。

この意味で、フランスの歴史家セニョボス（Charles Seignobos）が、「愛は十二世紀の発明だ」と言ったそうですが、これは有名な言葉で、さきのダヴァンソンの本の一章はこの表題をもっていますし、新倉俊一さんもこの題目ですぐれたエッセイをものされています。

それでは、わが国の『源氏物語』の愛は一体どういうものかといえば、それはまたトゥルバドゥールの愛とは異なった別の類型に属しますが、この問題に深入りすると脱線しますので、それはさておき、このリュデルに代表されるようなロマンティックな愛は、その後ペトラルカ、シェイクスピア（W. Shakespeare）の『ロミオとジュリエット』、ハイネ（H. Heine）、そしてブラウニング（R. Browning）と受け継がれて、西欧文学のひとつの伝統、ひとつの愛の定型になったと言っていいでしょう。

このリュデルが十字軍に加わって、一一四七年に「海の彼方」(oltra mar) にいたということは知られていますが、しかし実際にトリポリ伯夫人に会ったのかどうか、これはわかりません。これは十三世紀の、一世紀もあとの「伝記」ですから、そのままの事実を伝えているかどうか、わかりません。そこに「遥かなる愛」(amor de terra lonhdana) という理想や観念が入りこんでいるかもしれません。

トゥルバドゥールたちの想像力を刺激したのは、おそらくリュデルがつくった六つのシャンソンのうちの有名なひとつ、「五月に日の長くなるとき」という詩でしょう。

つぎにまず、そのオック語の原文を掲げておきます。詩というのはやはり声を出して読むということが大切ですから、ついでにその読み方を片カナで付けておきましょう。オック語というのは当時の南仏の文学における共通語で、今のフランス語とは大分ちがっており、私はこの方面の専門家ではありませんが、駒場で同僚だった新倉さんに教えて頂きました。しかし間違っていたら、もちろんすべて私の責任です。つぎにその訳も新倉さんのすばらしい訳に、少しばかり私流の手を加えたものに過ぎません。

Lanquan li jorn son lonc en may
M'es bels dous chans d'auzels de lonh ;

E quan mi suy partitz de lay
Remembra'm d'un'amor de lonh ;
Vau de talan embroncx e clis
Si que chans ni flors d'albespis
No'm platz plus que l'yverns gelatz

ランカン・リ・ジュルン・スン・ロンケン・マーイ
メス・ベルス・ドゥース・シャンス・ダウゼルス・デ・ローンニュ
エ・カン・ミ・スイ・パルティッツ・デ・ラーイ
レメンブラム・ドゥナムール・デ・ローンニュ
ヴァウ・デ・タラン・エンブロンクス・エ・クリス
スイ・ケ・シャンス・ニ・フルールス・ダルベスピス
ヌーム・プラッツ・プルス・ケ・リベルンス・ゲラーツ

五月の日の長くなるとき
遠くの小鳥の甘い歌声は私に快い。
そして私がそこから立ち去るとき

私には想い起されてくる、遠い遥かな愛が。
私は悲しみにうちひしがれ、こうべをたれて歩む
そうなるともはや、小鳥の歌もさんざしの花も
凍てつく冬と同じように、私を喜ばせない。

四行目を見ると、「遠い遥かな愛が想い起されてくる」という言葉がありますね。原文では「ウナムール・デ・ローンニュ」ですね。これが「遥かなる愛」であって、いまは逢うことができない、遠い土地の恋人へのロマンティックな愛が歌われています。

吟唱詩人ベルナール

それからもうひとつ実例として、ヴァンタドゥールのベルナールの詩をあげておきますが、これは新倉さんの素晴しい訳をそのまま引かせて頂きます。

陽の光を浴びて　雲雀《ひばり》が
喜びのために羽ばたき舞い上り
やがて心に拡がる甘美の感覚に
われを忘れて落ちる姿を見るとき

ああ、どれほど羨ましく思えることか、
恋の喜びに耽る人々の姿が。
その一瞬に　この胸が欲望のために
破れなければ不思議なくらいだ。
ああ、恋に詳しい自分だと思っていたのに
何と知らぬことが多かったことか！
愛して甲斐のないひとを
なお愛さずにはいられないのだから。
あのひとは私の心を　私自身を　全世界を
取り上げてしまい、私から逃れ去る、
こうしてすべてを取り上げたあと
欲望と羨望に燃えた心だけを残して。（新倉俊一訳）

これもトゥルバドゥールの愛の歌の典型と言っていいでしょう。まことに美しい、内に耐えたロマンティックな愛ですね。だからと言って、これは決してプラトニック・ラブではないことは、おわかりになると思います。欲望（dezirier）という言葉が出てくるように、感覚的、官能的なものがあるわけですが、しかしそれがなおここで抑えられている。そういうトゥルバドゥールのロマンティック・ラブの典型が、ここにリュデルの場合と同じように見てとれるだろうと思います。

二　ロマンスの淵源

それでは一体、十一世紀末から十二世紀にかけて、なぜ、それまで見られなかった、このように優しい愛の抒情詩が突如として南ヨーロッパに出現したかという問題です。『ローランの歌』におけるような男性中心の武骨な騎士魂の世界から、この女性へと純愛を語るまろやかな、イタリア語で「ジェンティレッツァ」とでも申しますか、日本語で言えば「雅び」とでもいうべき、優しさの境地への移行は何によってもたらされたのでしょうか。

それはトゥルバドゥールの発祥地が示しているように、アラビアに発してスペインのカタルーニャから南仏のラングドック、プロヴァンスへと伝えられたと推定されるわけです。なぜなら、ラングドックやプロヴァンスのトゥルバドゥールの前に、アンダルシアからスペインの東海岸に沿って、トゥルバドゥールに近いものがすでに存在していて、彼らはスペインのイスラム教徒から、こうした抒情的な心性、詩の形というものを受け継いだと思われるからです。

『オーカッサンとニコレット』

このことと関連するので、話を少し先取りして、挿話的に、十三世紀の前半に書かれた歌物語『オーカッサンとニコレット』(*Aucassin et Nicolette*) のことについて述べましょう。これは私は初期のロマンティック・ラブの代表作と言っていいのではないかと思います。岩波文庫に川本茂雄さんの堂に入った立派な訳がありますので、どうぞ興味ある方はお読み下さい。これは『ローランの歌』よりもうひとつ新しい世紀の文芸作品で、同じ騎士を描いても前者は非常に武張った世界、後者はずっと柔かい愛の世界がうたわれており、その間に間違いなく何かが起ったわけで、その結果として、こうしたロマンティック・ラブの作品が出来上がったと言ってよいと思います。

さて、この作品はボーケールの城主の息子オーカッサンと、サラセンの女囚ニコレットとの恋物語です。しかしニコレットは実はアラビアの王女なのです。しかしそれが囚われの身となって、プロヴァンスにやってくる。物語の舞台がプロヴァンスですね。王女がどこから連れてこられたかというと、それはスペインの東海岸のカルタヘーナからです。まさにトゥルバドゥールが北上してくるルートに当っています。

そしてこのオーカッサン (Aucassin) という名前はなにかといえば、それはアラビア語のアル=カシーム (Al-Kasim) にほかならない。この、アーとエルがくっつくとオーになるのは、たとえば à と le が結びついて au になるのと同じですね。それ以外にこの名前の起源はたどりにくい。このように主人公の名前もアラビア名に由来しているし――彼はアラビア人ではなくヨーロッパ人ですが――、ヨーロッパ人の名前のニコレットの方は、これはアラビアの王の娘というわけで、まさにアラビアとヨーロッパの混淆なのです。これはまた形式の上で面白いのは、韻文と散文とが交互に現われてくることです。

何誰《いづれ》が聴こし召されうや、
ニコレットにはオーカッサン、
二人の眉目《みめ》よき若者の
古き伝説《つたへ》の欣びや、
面輝《おもかがや》ける乙女ゆゑ
若者忍べる大難儀、
樹てた手功の良き詩句を。
歌は雅びに、物語
優に品あり、仕組よし。
何人途方にくるるとも、
悲しみ、苦労のあらうとも、
重き患《わづら》ひ病まうとも

これを聞きなば、癒え果てて、
心晴れなむ、欣びに。
さても、やさしき物語。（川本茂雄訳）

このような歌でまずはじまり、それから物語が来て、また歌が来て、というふうになっているわけですね。それで歌物語というのです。歌物語とまではゆかないが、これに似たものはアラビアにもありまして、たとえば皆さんがよく読まれる『アラビアン・ナイト』がそうなのです。物語に点々と歌が入ってきて、恋の心情などは歌のところで語られるわけです。

韻文の部分で恋慕の心を歌うことも共通ですし、そして詩の形式がアラビアのものと似ています。つまり一行が七音節であるのは、アラビアの韻文の一形式、すなわち一行が十四音節をもち、行の中間で二分されて七音節になる形式のものの影響ともいわれています。このように詩の形式のこともあるし、舞台が南仏プロヴァンスとスペインのカルタヘーナだということも親近性があります。

つまりこのようにアラビア的色彩がきわめて強い作品において、典型的なロマンティック・ラブの物語が現われてきたということが重要です。こうした愛の物語が南仏プロヴァンスを舞台に成立して、北の方へ伝わっていったと考えられます。

ロマンス語文化圏

カタルーニャやもっと奥へ入ったスペイン、そこにおいては、これは前にもお話しましたように、アラビアの影響をうけたヨーロッパの新しい文化が発達していて、それだけにヨーロッパの北方に比べれば都会の雅びの心、優しいロマンの精神が前からでき上がっていました。そしてバレンシアあたりのスペイン、カタルーニャ、それからラングドック、プロヴァンス、ロンバルディア、このへんのところは、今では国境にさえぎられて、はっきりと分れていますが、当時は同じロマンス語圏として、ひとつながりの文化圏をつくっていたとみてよいのではないでしょうか。そしてアラビア・ヨーロッパ的な新たな心性や感性がこの文化の廻廊を通じて連続して伝わっていたと考えられます。

どうもわれわれはこの辺のイメージを少し変更しなければいけないのではないでしょうか。たとえばカルル・マルテルは、七三二年にイスラムが北上しますと、トゥール・ポアチエの戦いで彼らを撃退します。そこでイスラムの前線が止まるわけですが、マルテルはさらに追い討ちをかけて、南下してプロヴァンスのほうにまでやってきてイスラム軍を攻めますが、そのとき南フランスの人たちはどちらについたのかと言えば、マルテルの方ではなく、イスラムのほうについたわけですね。ですから、カタルーニャばかりでなく南フランスもイスラムとひとつになっていたときがあるわけです。つまりフランスといっても北と南では大いに事情が違うわけです。九世紀から十二世紀ごろまで、そのあたりは、非常にイスラムの影響が強かったわけです。これを切り離しては考えられない。十世紀から十一世紀にかけてのアラゴンの宮廷文化は、だいたいにおいてアラブ風であり、ペドロ一世は、アラビア語でなければ、自分の署名ができなかったと言われるほどです。少し遡って、九世紀にはコルドバの司教のアルバロが、当地のキリスト教徒が猫も杓子もアラビア語の詩や小説を読み耽っていることを半分嘆き、半分諦めの調子で語っています。

こういう状況はレコンキスタによってヨーロッパ勢が南へと下った後も弱められることなく、ヨーロッパ人とイスラム教徒との交流が促進されました。前にも申しましたが、これを東へ行った十字軍と同一視するのは甚だよくないわけです。ですからスペインのアンダルシアからカタルーニャを経てラングドック、プロヴァンスから、ずっとイタリアの北部まで、文化的にひとつながりに連っていました。そして西欧中世の特色となった騎士道とか婦人に対する礼儀の理想は、イスラム教下のスペインで、一足先に形づくられていたのですね。

イスラムの騎士道

まず騎士道というものもそうであって、このイスラムの戦士たちの間で、戦闘は単なる武士の残酷な行為ではすでになくなって、それはロマンの香り高い、すこぶる複雑なエチケットを伴うものになっていました。これはエル・シッド（el Cid Campeador）の物語をごらんになるとわかるわけですが、そこではきちっとした道徳・倫理上の準則があり、武術や馬

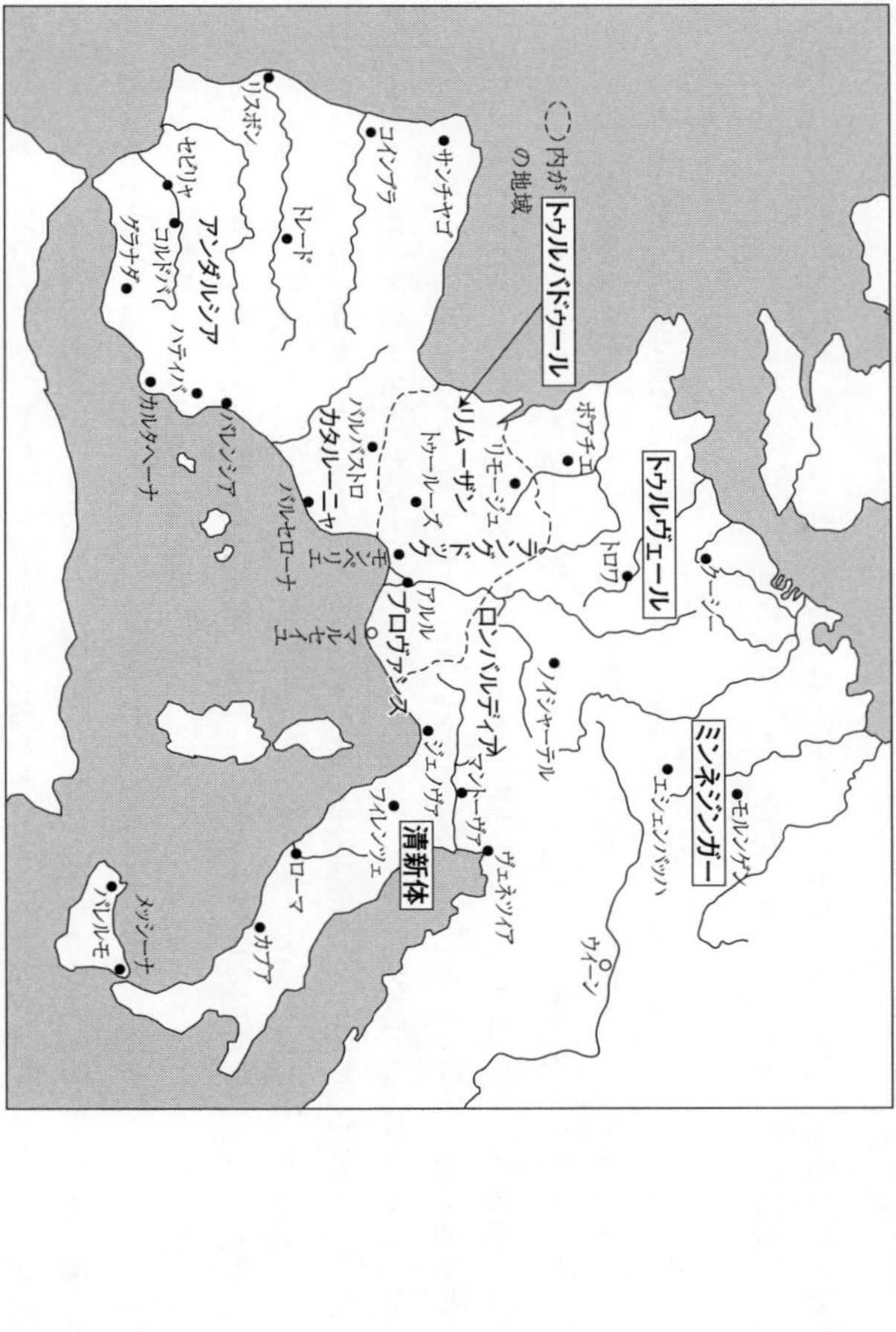

図20　トゥルバドゥール関係図

術も立派な芸術なのです。エル・シッドはもちろんスペイン人ですが、カスティーリャの王に仕えたり、イスラムの王侯に仕えたり、最後はバレンシアやムルシアのあたりで領地を獲得して、戦死してしまう。この人の戦いぶりを見ていますとイスラム的な騎士のエートスがエル・シッドに転移していると思われます。

そして十一世紀から十二世紀にかけては、スペインでは西欧より遥かに豊かで華麗な宮廷生活を発達させていました。そして「宮廷風恋愛」が誕生するような素地がいち早くつくられていました。ちょうど日本の平安朝を思わせるような宮廷生活が発達し、詩人や文人を厚遇する点で、その頃のイスラム諸王朝は、互いに競っていたということが言えます。「筆によって知られたるのみならず、剣と槍とによっても知られたり」と自ら歌い、諸国遍歴したアラビアの有名な詩人アル＝ムタナッビー（al-Mutanabbī）も、このようなイスラム宮廷の雰囲気のなかから現われた騎士兼詩人でしたし、「あなたへの欲望の酒に酔ったわたしは、あなたから離れていることで苦しむ」と歌ったセビリャの君主にして詩人だったアル＝ムータミド（al-Mu'tamid）は、もうトゥルバドゥールに踵を接しているといってよいでしょう。

封建的ヨーロッパの貴族たちは、詩歌に無知なことを恥とせず、むしろ、それは軟弱な事柄として軽蔑しましたが、イスラムでは詩歌は王侯もそれに長じようとした高尚な芸術でした。

このような一般的背景だけではなく、トゥルバドゥールの抒情詩の形式にしましても、スペインのアンダルシアで目覚ましい発展を遂げた抒情詩の形式、つまりムワッシャハ(muwashshaha)とかザジャル(zajal)とか言われているものと大きな共通性があるといわれています。コルドバ生まれの詩人イブン・クズマーン(Ibn Quzmān)が、この詩形の名手として、南スペインの地で女性をたたえた愛の詩を歌いました。これがトゥルバドゥールの抒情詩の韻の踏み方に影響を与えているといわれています。

トゥルバドゥールの歌う愛

しかしトゥルバドゥールがアラビアの影響を受けたと言われるのは、こうした詩形式の面だけではありません。スペインのアラビア学者フリアーン・リベーラ(Julián Ribera)が指摘したように、さらに内容の上で両者ともに官能的な恋愛を歌うこと、そして恋人を守るために自分の身を犠牲にする男性の心情を歌うことも共通しています。トゥルバドゥールの詩は、女性への崇敬と奉仕に基づくものでした。このロマンティック・ラブの理想が、西欧に初めて生じたのは、十二世紀のラングドックやプロヴァンスの地であったわけですが、それが十三世紀に北方に移ってトゥルヴェール(trouvère)になり、さらにドイツへ行きますとミンネジンガー(Minnesinger)になります。これが十四世紀にイタリアに伝わるとダンテやペトラルカを含む清新体(dolce stil nuovo)の詩というものを生み出します。

この場合、ラングドックとかプロヴァンスというのは、地中海沿岸に面した古い州名を示すだけではなく、オック語やプロヴァンス語が用いられた言語的地域を指していますので、オック語が用いられたリムーザン地方もここでのラングドックに入れてよいと思います。トゥルバドゥールの純貴族的詩歌が、ポアチエ伯ギヨーム九世に見られるように、まずこの中部フランスに発生しているように見えるのは、このリムーザンにもすでにスペインのアラビア文化が流れこんでいたからでした。十一世紀のレコンキスタ運動にリムーザンの貴族たちが参加し、スペインで華やかなイスラム文化に接し、それに浸り、身分の高いアラビア婦人と結婚したものさえいました。

実際ドーソン（Christopher Dawson）の『中世のキリスト教と文化』のなかにイブン・バッサムの記録として、次のようなことが伝えられています。一〇六四年、フランクの軍隊がスペインの東北地方のバルバストロ市を占領したとき、ある騎士にとらわれの身となった身分の高い市民の娘を、一人のユダヤ人が身代金を出して受け出そうとした。ユダヤ人が騎士のところまでくると、この騎士はアラビア風の着物を着、イスラム教徒の娘たちにかしずかれていた。彼はこの邸宅のもとの持ち主の娘と結婚した以上、その娘に自分の子を生んでもらいたいと思っているといって、ユダヤ人の申し出を断った。そして娘の方を振りかえり、片言まじりのアラビア語で「さあ、リュートをとって、この男のためになにか唄を歌ってやれ」と命じた。そのあとユダヤ人は次のように感想をもらしている。わたしはこの騎士なる伯が、まるで言葉がわかったような様子で、夢中で音楽に聞きほれている様を見、驚きもしたし、うれしくも思った、と。

これに続けてドーソンは次のように言っています。

このフランスの騎士が故国に帰ってもアラビア音楽を忘れず、かれとムーア婦人との間に生まれた子供が、スペイン風の詩の作り方を学んだことは、想像にかたくない。実際バルバストロ市を占領した十字軍の指導者は、最初のトゥルバドゥールであったポアチエ伯ギヨーム九世の父であった。さらにギヨーム九世自身、他の多くのトゥルバドゥールと同様、スペイン戦争に参加している。

ここに伝えられた事実は、オランダの東洋学者ドージ（Reinhard Dozy）が紹介して以来、しばしば引用されますが、これはトゥルバドゥールの発祥とスペインとの関係を物語る、極めて貴重な状況証拠を提供するものと言ってよいでしょう。

かくしてトゥルバドゥールはリュートというアラビアの楽器を伴って南から北上していったと言えそうです。

逆に北から下りてきたものに武勲詩（chanson de geste）というものがありましたが、しかしそれには、そういうまろやかなロマンティックな要素がまったく欠けております。そこではキリスト教的倫理に基づく武張った騎士のいさおしが語られても、男女の愛は軽視され軽蔑されていました。イスラムはそれとは違います。たとえば、あとでとり上げるイブン・ハズム（Ibn Hazm）の『鳩の頸飾り』（*Tawq al-hamāma*）はイスラムのザーヒル派のリゴリズムの神学者の著作ですが、リゴリズムの神学者であるにもかかわらず恋愛を軽蔑しない。いや、むしろそれをきわめて価値あるものとして評価し、それを神秘主義的に高めてゆくのです。それを崇拝します。ここに大きな違いがあると思います。

もうひとつトゥルバドゥール出現以前の、愛の形としてはオウィディウス（Ovidius）のラテン詩の伝統がありました。しかしこれは『愛の手ほどき』（*Ars amatoria*）に見られるような恋の手練手管をギリシア神話をまじえて饒舌に語る興味本位のもので、トゥルバドゥールのものとははっきり違います。トゥルバドゥールの詩はこのいずれでもない。西欧の武勲詩でもなければ、ラテン的恋歌でもない。そうではなくて、アラビア世界に早くから存在し、芽生え、発展してきた伝統につらなるものであったように思われます。

「遥かなる愛」の起源

このロマンティックな愛の観念は十一世紀のアラビアにおいて頂点に達します。愛するものの不運や、耐えた愛の悲哀などを表現するのは、アラビア詩人の最も得意とするところであり、とくにリュデルの歌った「遥かなる愛」というものは、彼らの得意とするところでした。それは通常の作品のなかにも見出すことができます。たとえばドーソンの引いている『アラビアン・ナイト』六百八十話の中のものはそれでしょう。

われ遠国より御身の姿をおもいえがきぬ、
御身また遠国よりわれを見たまわむ、
わがこころ、わが眼、君ゆえに悲し
わが魂は君とともに
つねに、つねに共にあり、
御身の姿見えざれば、
われには生くる楽しみなく、
天国を、また永遠の園を見ぬより悲し。(野口啓祐訳)

『アラビアン・ナイト』というのは非常に卑俗なものだというような先入観でとらえる方がいるかもしれませんが、そして事実そういうようなところもあるのですが、しかしまた、このような女性に対するロマンティックな愛もそこでしばしば語られているのです。『アラビアン・ナイト』の大部分の説話は十世紀ごろに成立していたと思われますが、もしこうした歌が十世紀のカイロの民衆の趣味に多少ともかなっていたとすれば、十一世紀におけるスペインの騎士道華やかな宮廷社会では、貴婦人に対する態度がさらに洗練の度を加えていたことは、容易に想像することができるでしょう。

イスラム・スペインの宮廷では、女性は、「暗黒時代」の中世キリスト教世界、または近代のイスラム社会とはまるで比較にならないほど、高い地位を占めていたのであって、豊かな教育を授けられていました。ちょうど日本の紫式部のような人を思い浮べてください。彼女らは習字や音楽、詩歌の優れた嗜《たしな》みをもっており、その中には王妃や王女もたくさんいたのですが、最も有名な女流詩人はワッラーダ（Wallāda）です。彼女はスペインの後ウマイヤ王朝のカリフ、ムハンマド三世の王女でした。十一世紀イスラムの最大の詩人であったイブン・ザイドゥーン（Ibn Zaidūn）はこの女性への愛の絶唱を数多く残していますが、そこには後のトゥルバドゥールに見られるのと同じロマンティック・ラブの感情がみなぎっているといわれています。

さらにさかのぼって、アラビア世界には古くから「愛のために死ぬのは甘美で高貴なことだ」とするウズラ族（Banū 'Udhra）の愛の伝統がありました。これはムハンマドの時代にアラビア半島の西北部にいた部族ですが、そこでは愛する女性に指一本触れずに死んでいったというジャミールのような純潔の恋を歌った詩が、非常に讃えられました。イブン・ダーウード（Ibn Dāwūd）は、ウズラ族のみならず、広くアラビアのすぐれた恋歌を『花の書』（*Kitāb al-Zahra*）という本にまとめています。そこでは恋人たちが肉の誘惑に簡単に屈することなく、純粋さを守り通すことで愛というものを持続させる、そういう内に耐える恋愛、トゥルバドゥール的な愛を説いています。

ここにその種のアラビアの古詩をひとつ引いておきましょう。これなどは後のトゥルバドゥールの心情にはるかに呼応するものがあると言ってよいと思います。

丘にのぼりて　尋ねみよ
枝をひろげし　ベンの木に
汝《なれ》のすまえる　方《かた》のぞみ
われあいさつを　せしことを
ゆうべいたらば　その木々の
黒きかげをば　身にうけて
悲しみに満ち　われは立つ
おのが選びし　運命《こと》なれど
あかつきまでも　とどまるに
わがまなこより　したたれる
なみだはまさに　断ち切れし
糸より落つる　真珠《たま》のごと

人みな春に　あこがれる
されどもわれの　あこがれは
まさに御身に　ほかならず
篤《あつ》き御心《みこころ》　得んことに
人みな飢えを　怖じおそる
されどもわれの　飢えこそは
汝より離る　ことにして
荒野のごとき　わが日々よ
優しからざる　ことばもて
われにむかわば　苦しみて
汝《なれ》わずかだに　我《あ》をおもわば
こころ歓喜に　みちあふれん
いたむむねもて　仕うるに
なみだに濡れし　まなこもて
汝が去り行くを　おそれつつ。（牧野信也訳）

三　イスラム・スペインからヨーロッパへ

ハズム『鳩の頸飾り』

さてこのようなイブン・ダーウードに集約されたイスラムの愛の伝統を見事にうけついでいるのは、十一世紀のスペインの大学者イブン・ハズムの書物、「愛と愛する人々に関する論攷」という副題をもつ『鳩の頸飾り』です。これも岩波書店から黒田寿郎さんの立派な翻訳が出ています。この本は、一〇二二年ごろに書かれましたが、まさにイスラム的愛のエンサイクロペディアと言っていいのではないかと思います。そこにはイスラム的愛の本質とその諸形態が非常に詳しく述べられています。

先ほども触れましたように、この人はザーヒル派の法学者で、類推（キヤース）を認めず、『コーラン』とハディース（伝承）の文字どおりの意味（ザーヒル）に忠実に従うことを主張するのですが、この厳格なリゴリズムとイスラム的愛の結びつきというのも非常に面白い現象だと思います。（因みにイブン・ダーウードもザーヒル派でした。）これはあるいは、「愛しながらも純潔を通す男は、自分の秘密を洩らさずに死ぬ。その男は殉教者として死ぬのだ」というハディースが、ムハンマド自身の言葉とされていることと関係があるのでしょうか。

この書は「愛が内に含む種々相はきわめて崇高であり、筆舌に尽し難いほど繊細である」という言葉からはじまります。「したがってその真実は、自ら体験する以外には理解されない。また愛は宗教により否定されもせず、法によって禁止されているわけでもない」と断言されます。キリスト教世界では、男女の愛がともすれば罪の観念と結びついているのと対比されるでしょう。「愛とは現世において切り離された魂の諸部分の、魂本来の高貴な要素における結合である」と定義され、「愛は魂そのものの中にある」とされます。こうした恋愛観に基づき、続いてイスラム的愛の諸相が、その具体的な例とともに、美しい詩をちりばめながら展開されています。

とくに注目すべきことは、リュデルの場合にみたように、まだ見ぬ女性に対して、噂を聞いただけで熱烈な恋に陥るという、「噂に始まる愛」という一章が設けられ、論じられています（第四章）。つまり噂を聞いただけで、その女性が好きになり、そして熱烈な恋に陥るというタイプの愛の形は通常のものではなく、リュデルのトリポリ伯夫人への愛は、このイブン・ハズムにおける「噂に始まる愛」がヨーロッパに転移されたものと言ってよいでしょう。このようなやや特異な愛の形は、やはり何か先例による刺激がないと、自然発生的には成り立ちにくいと思うからです。

また「愛の秘匿」という章もあり（第十二章）、そこでは恋愛の相手の名前は絶対に言ってはいけない、それが愛の妙諦であるとすることにおいても、これはトゥルバドゥールの愛の戒律と一致しています。
因みに、この章におけるハズムの詩のひとつを引いておきましょう。

さめざめと流れる涙は頬をぬらし
ひと恋う者の名誉はきりさかれる
愛しい人のあで姿に胸はなみうち
鳥網で羽ばたく哀れな鷓鴣《しゃこ》のよう
親しい友よ忠告してくれ　君たちの
忠言こそ聞くに値いするものだから
私はいつまで隠さねばならないか
あきらめることも叶わぬこの恋を。（黒田寿郎訳）

その他この愛の災厄となる「監視者」や「中傷者」を論じた第十八章と第十九章なども、「告げ口屋」「悪口屋」の登場する後のトゥルバドゥール的愛の常套のパターンを先どりするものと言ってよいでしょう。したがって十一世紀のスペインのハティバ（バレンシアの南西）で書かれた、このアラビアの恋愛指南書が、その後のヨーロッパの同種の書の起源となると同時に、十二世紀のトゥルバドゥールの思想に、何らかの仕方で、少なからぬ影響を与えたと思われます。

イブヌル・アラビーとダンテ

さらに十三世紀のはじめになると、スペインの生んだ大神秘主義者イブヌル・アラビー(Ibn al-'Arabī)が現われてきます。彼は南スペインのムルシアに生まれた神学者でスフラワルディー(Suhrawardī)とならんでたいへん重要なスーフィーの神秘主義の思想家ですが、彼の神秘的な愛の抒情詩集『渇望の解釈者』(*Tarjumān al-ashwāq*)の一巻は一女性に捧げられていますが、彼はその女性と一二〇一年にメッカで会い、それ以来、彼女は、ダンテに対するベアトリーチェのように、彼の全生涯に深い影響を与えたのです。もっともアラビーにおける女性への愛は、単に世俗的なものではなく、すでに哲学的・形而上学的なものに高められ、愛の象徴を用いて深遠な宗教思想を表現しているといってよいでしょう。そこで愛する女性とは形而上学的理念の具現したものであり、神と現象界をつなぐ普遍的知性('aql)であり、人間の精神を照らし出す光明でもあります。

ダンテのベアトリーチェに対する愛は、トゥルバドゥール的愛に、こうしたイブヌル・アラビーの形而上学的愛が重なり、さらにそれにキリスト教神秘主義が結びつき、最も高度に洗練されたものになっているといってよいでしょう。事実、スペインの優れたアラビア学者アシーン・パラシオス(Miguel Asín Palacios)は、その著『イスラムと神曲』(*Islam and the Divine Comedy*）のなかで、ダンテがアラビーのようなイスラム思想家の影響をうけていることを論じ、またムハンマドの昇天伝説をアラビア語でしるした「ミーラージュ」（al-mi'rāj）――「ミーラージュ」はもともと「はしご」を意味するが後に転じてムハンマドの昇天を指す――の記述が、『神曲』においてダンテがベアトリーチェに導かれて天球の間を昇天してゆく有様に似ていることを論じています。その後この「ミーラージュ」についての本が一二六四年セビリャでカスティーリャ語に訳され、ダンテの生まれた翌年に、シエナ生まれのイタリア人によってラテン語とフランス語に重訳されたことが分ってきましたので、ダンテがそのいずれかを読んで、『神曲』を構想した可能性は大きいでしょう。

　ともあれ、トゥルバドゥールの愛は、さらにイスラム神秘主義の変容を経て、十四世紀にイタリア「清新体」の詩人に引きつがれ、古典主義やキリスト教をも打って一丸とし、ダンテとペトラルカに最も完成された姿を現わしたといってよいでしょう。

　それでは最後に平川祐弘さんの名訳でふたつの詩を引いておきましょう。ひとつは、ダンテが『神曲』の「煉獄篇」第二十六歌において、「その名声のために、うるわしい地位を用意しようとしていることを告げた」十二世紀末のトゥルバドゥール、アルノー・ダニエルの詩であり、もうひとつは、ダンテがその『新生』を捧げた「清新体」の旗手グイド・カヴァルカンティ（Guido Cavalcanti）の詩です。ここにはトゥルバドゥール的な「遥かなる愛」の最も美しい絶唱がきかれるでしょう。

梢から
葉は散って
寒さのためにみんな凍った、
柳も、さんざしも、野薔薇も。
林から鳥はいなくなって
いまでは訪ねる人もない、
でも、それでも、わたしは
愛をうたう

すべてが凍るが
わたしは凍ることができない、
あたらしい愛に
わたしの心は緑にもえ、
愛に包まれたわたしは
風に打たれてもふるえず、
愛を造りだした力で

立っているからだ。（平川祐弘訳）

ぼくにはもう帰る望みはないのだ、
だから、歌よ、トスカーナへ、
行ってくれ、軽やかに、静やかに
まっしぐらにぼくの恋人のもとへ
あの人は心優しい人だから
君を大切に大切にもてなしてくれるだろう。

ああ歌よ、君の友情にかけてお願いだ、
このふるえる魂を君に頼む、
君と一緒にこのあわれな、あわれな魂を
あの美しい人のもとへ連れて行ってくれ
ああ歌よ、もしあの人の前に出る折があったら
嘆きつつあの人にこう言ってくれ、
「このあなたさまにお仕えもうす魂は

あなたさまと御一緒になるために参りました、
愛の神の奴《やっこ》でありました
あの男のもとを離れて参りました」と。

憂いの心から涙を流しては外に出る
おまえ、とまどったかぼそい声よ、
魂をのせ、この歌をのせ、
この破れたぼくの心を伝えに行ってくれ。
君たちは優しい夫人にお目にかかるだろう、
その方はいかにも温和な知性の持主でいらっしゃるから
その御前《ごぜん》に出ることはいつでも
君たちにとって喜ばしいことであるにちがいない。
だから君、魂よ、尊いあの人を
いつまでも愛し、いつまでも尊んでくれ。（平川祐弘訳　第二聯・第三聯割愛）

このようにして、トゥルバドゥールの抒情詩はイタリアの「清新体」にまでつらなっていったと言えましょう。

十一世紀に頂点に達したイスラムにおける愛の伝統がトゥルバドゥールの発生を刺激したことは疑いえないと思われます。それは以下の四つの点から言えるでしょう。

まず第一に、時代的、地理的な関係です。ヨーロッパのうちで、なぜあの時代の、つまり十二世紀のあの地帯に、つまりプロヴァンスやラングドックだけに、あのような新しい愛の詩《うた》が生じたのか。

第二番目には、その詩《うた》には音楽が伴った。そしてこの音楽はリュートという楽器によって奏でられた。そのリュートという楽器は疑うべくもなくアラビア出自の楽器、つまりウードであったということです。このことはどうしてもアラビアとの関係を想起させます。

第三は、詩の形式が当時スペインで盛んになった詩の形式と似ているということです。これについては反論があり、別のヨーロッパに内在する系譜を主張する人々がおりますが、これにもあとで述べるようにいささかの難点があり、やはりリベーラが説いたアラビア詩との形式上の類似性は簡単には否定できず、私には詩の形式の面でも、ある種の影響があったと思われます。何しろ当時のスペインでは、すでにロマンス語の混入したザジャル体の詩が流行していたのですから。

そして最後に、その詩の内容です。そこに表現されている新しいロマンティック・ラブです。この内容が両者に通底しているのです。だとすれば、十二世紀の西欧における、広くはロマンティシズムの勃興、もう少し限定すればロマンティック・ラブの成立、そしてその文学的表現としてのトゥルバドゥール――これがアラビアからのインパクトによって生じたというふうに言っていいのではないかと思うのです。

アンリ・ダヴァンソンは名著『トゥルバドゥール』のなかで、こうしたアラビア起源の考え方に反対し、トゥルバドゥールの詩の起源は、リモージュのサン・マルシャル修道院に集められている十世紀以降の「トロープス」(tropus) という典礼文中の抒情詩のなかにあるというのです。そしてトゥルバドゥールという言葉のもととなる trobar という動詞も、この「トロープス」を動詞化した「トロパーレ」(tropare) から来たと言っています。しかし tropare という中世ラテン語が本当にあったかどうか私は知りません。少なくとも私のもっている中世ラテン語の辞書にはのっていませんが、しかしそういう言葉をつくり出すことはできるでしょう。その場合は「トロープスをつくる」という意味になりますが、トゥルバドゥールがそのような「典礼歌の挿入句をつくる」というような特殊な意味から出てくるというのは、あまりにも狭すぎる解釈だと思います。かりに形式の点でそれに似ているところがあるといっても、肝心のその内容についてはどうなるでしょうか。トゥルバドゥールの新しいロマンティック・ラブが、そこに表現されているとは思えません。私はダヴァンソンが指摘している要素が、トゥルバドゥールの発生のひとつの要素になっているかも知れないという可能性までは否定しません。しかしそうであっても、それはあくまでもその成立要因の一部であって、トゥルバドゥールの淵源を全面的に解明するものとはならないでしょう。

以上、私の専門ではないことをいいことにして、やや勝手なことを言ってきたかも知れませんが、大筋においては間違いないのではないかと思っています。

終りに

さて今日は最終講義ですので、全体を通しての結論を述べておきたいと存じます。

西ヨーロッパ文明史における「十二世紀ルネサンス」の意義ということなのですが、従来ヨーロッパの文明史において、最初にギリシア文明というものがあり、それからローマの地中海文明があり、西ヨーロッパの文明はその直系の嫡出子だ、という単線的な系譜が自明のこととして前提されていました。そしてしばしば、ギリシア・ローマの文明と西欧文明とを無造作に結びつけて、「三千年にわたるヨーロッパ文明の連続性」といったような神話が、簡単につくられてしまっています。このことは私のこの七回の講義で、十二世紀という時代を集中して見ただけでも、歴史の現実に即していない、ということができます。

ギリシアの最も優れた学術を直接受け継いだのは西ヨーロッパではなかったのです。むしろそれは五世紀以後のビザンティンであり、そして八世紀以降、そのビザンティン文明を、「シリア・ヘレニズム」を介して積極的に取り入れたのはイスラム世界にほかなりませんでした。ピレンヌ（Henri Pirenne）がいみじくも『マホメットとシャルルマーニュ』(*Mahomet et Charlemagne*,1937. 邦訳『ヨーロッパ世界の誕生』創文社）という本のなかで、西欧史を見るときに、イスラムというものを射程に入れなければ西欧のダイナミックスそのものも十分に把握されないことを初めて指摘しました。これは経済史、社会史の書物ですが、優れた本だと思います。それだけに一段とスケールの大きな、真実に近い中世史の地平がつくられたのです。このピレンヌが指摘したように、イスラムの勃興以後の西欧世界は、地中海文明からむしろ締め出されていました。この西欧が自らの文明の祖先だとしている古典文明を十分に取り入れるのは、十二世紀にビザンティンやアラビアの先進文明圏からでした。そしてその場合、ビザンティンのギリシア文明だけではなく、イスラム圏において新しく培われたアラビア文明の新たな形態を受け入れることによってでした。

ですから西欧文明なるものの形式そのものが、このような異文明圏との接触を通して初めて、かち取られたものであるということが、忘れられてはならないと思うのです。ヘーゲル以後の十九世紀につくり出された西欧中心主義の歴史観は、このような事実をしばしば覆い隠してしまい、ヨーロッパ文明の単純な連続性というようなドグマをつくってしまいます。そういうドグマを破る重要な歴史的ドラマの一章がこの「十二世紀ルネサンス」のなかにあるのです。そのことを七回の私の講義によって、少しでもおわかりいただけたでしょうか。

実際、十二世紀以前における西欧は、世界文明史の辺境にありました。その西欧が、ビザンティンのギリシア文明をとり入れただけではなく、またアラビアからの新たな文明を豊富に受け入れ、その後の西欧文明の独自な発展の基盤をつくりえたのは十二世紀でした。この時期の西欧が他の文明を積極的に取り入れるということにのり出したのは、もちろん西欧世界のなかにそれを可能にするようなエネルギーが貯えられていたからです。西欧世界のなかにそうした体力が涵養されなければ、こうした刺激も刺激として受け取れず、それを消化もできないはずだからです。このことも一面において考えなければいけないことです。しかしあくまでもこうした西欧世界の内部的成熟がもたらした余裕とエネルギーをもってアラビアの文化的遺産を精力的に移入することなしには、その後の世界史的意味をもった西欧文明の発展は開始されなかったのです。西欧の個性と言われるものすら、こうした地盤の上に形成されたのです。科学文明についても然り、スコラ哲学についても然り、そして今日とり上げた、新しい恋愛の文学についてすらもそうなのです。

だから十二世紀は西欧世界のひとつの大きな転換期でありまして、この西欧文明の興隆を可能にした「十二世紀ルネサンス」というものは、今までのように、単にヨーロッパ史の狭い枠組みのなかにだけ視点を固定するのではなくて、広くアラビアやビザンティンの文明との交流のなかで、比較文明史的な視点から捉え直されなければなりません。むしろ西欧文明の形成を理解する上で、はじめから西欧にはなんでもありましたというふうに、西欧文明を自閉化するのは正しくないでしょう。他の文明から刺激を受け取るということは、たいへん素晴しいことであるし、それによって自分の文明を豊かにするということは、たいへん優れたことだと思います。すでにポール・ヴァレリーも言いました、「他を以て自らを養うことほど、独創的なことはない」と。こうしたことは人類の文明交流史において最も実り多い局面であるばかりでなく、そうした観方をとることによって今までの西欧史だけの文脈では見えなかった多くのものが見えてくるだろうと思うのです。西欧文明の成立そのものが、こうした異文明との交流によって可能になったということ、このことが「十二世紀ルネサンス」のもたらす歴史的教訓であって、私がこのセミナーで申し上げたかったことであります。そしてこのようなことはまた、他の文明形成の場合においても等しく言えるでしょう。

長い間、ご清聴ありがとうございました。

参考書目

第一講

①ハスキンズ（野口洋二訳）『十二世紀ルネサンス』創文社、一九七五

②ハスキンズ（別宮貞徳・朝倉文市訳）『十二世紀ルネサンス』みすず書房、一九八九

③ジャック・ルゴフ（柏木英彦・三上朝造訳）『中世の知識人』岩波新書、一九七七

④堀米庸三編『西欧精神の探究——革新の12世紀』日本放送出版協会、一九七六

⑤ R. L. Benson and G. Constable (ed.), *Renaissance and Renewal in the Twelfth Century*, Clarendon Press, Oxford, 1982

第二講

①伊東俊太郎『文明における科学』勁草書房、一九七六

②柏木英彦『中世の春——十二世紀ルネサンス』創文社、一九七六

③ James Kritzeck, *Peter the Venerable and Islam*, Princeton University Press, 1964

④ Charles Burnett (ed.), *Adelard of Bath*, Warburg Institute Surveys and Texts XIV, London, 1987

⑤ Martin Müller, "Die Quaestiones Naturales des Adelardus von Bath", *Beiträge zur Geschichte der Philosophie und Theologie des Mittelalters, Text und Untersuchungen*, Band XXXI, Heft 2, 1934

⑥ Charles Burnett (ed. and tr.), *Adelard of Bath, Conversations with his Nephew*, Cambridge University Press, 1998

⑦ Ch. Burnett, K. Yamamoto & M.Yano (ed. and tr.), *Abū Ma'šar, The Abbreviation of the Introduction to Astrology,* E. J. Brill, 1994

第三講

① M. Clagett, G. Post and R. Reynolds (ed.), *Twelfth-Century Europe and the Foundations of Modern Society* （とくに Raymond Klibansky, “The School of Chartres”）, The University of Wisconsin Press, 1966
② Thomas Goldstein, *Dawn of Modern Science,* Houghton Mifflin Co., Boston, 1980
③ G. Paré, A. Brunet et P. Tremblay, *La renaissance du XIIe siècle : Les écoles et l'enseignement,* Publications de l'Institut d'Etudes Médiévales d'Ottawa, Paris-Ottawa, 1933
④ G. S. Métrau and F. Crouzet (ed.), *The Evolution of Science,* Mentor, New York, 1963 (M.D. Chenu, “Nature and Man at the School of Chartres”)
⑤ N. Häring, “The Creation and Creator of the World According to Thierry of Chartres and Clarenbaldus of Arras”, *Archives d'histoire doctrinale et littéraire du moyen âge,* XXII, 1955

第四講

①伊東俊太郎『近代科学の源流』中央公論社、一九七五
②ジクリト・フンケ（高尾利数訳）『アラビア文化の遺産』みすず書房、一九八一
③ De Lacy O'Leary, *How Greek Science Passed to the Arabs,* Routledge & Kegan Paul, London, 1949
④ Franz Rosenthal, *The Classical Heritage in Islam,* University of California Press, Berkeley-

Los Angeles, 1975
⑤ J. N. Mattock and M. C. Lyons (ed.), *Kitāb Buqrāṭ fī Ṭabī'at al-Insān,* Arabic Technical and Scientific Texts 4, Heffer, Cambridge, 1968

第五講

①伊東俊太郎『近代科学の源流』中央公論社、一九七五
②矢島祐利『アラビア科学史序説』岩波書店、一九七七
③W・モンゴメリ・ワット（三木亘訳）『地中海世界のイスラム――ヨーロッパとの出会い』筑摩書房、一九八四
④R・W・サザーン（鈴木利章訳）『ヨーロッパとイスラム世界』岩波書店、一九八〇
⑤ Gherardo Cremonese (trans.), "Liber Maumeti filii Moysi alchoarismi de algebra et almuchabala", G. Libri, *Histoire des sciences mathématiques en Italie,* Tome 1, Paris, 1838 (Hildesheim 1967)

第六講

① Shuntaro Ito, *The Medieval Latin Translation of the Data of Euclid,* University of Tokyo Press and Birkhäuser, Boston-Basel-Stuttgart, 1980
②大森荘蔵・伊東俊太郎編『科学と哲学の界面』朝日出版社、一九八一（伊東俊太郎「シチリアにおける十二世紀ルネサンスの新局面」）
③ Charles H. Haskins, *Studies in the History of Medieval Science,* 2nd ed. Harvard University Press, Cambridge, 1921

④ John E. Murdoch, "Euclides Graeco-Latinus — A Hitherto Unknown Medieval Latin Translation of the *Elements* Made Directly from the Greek", *Harvard Studies in Classical Philology*, Vol. 71, 1967

第七講

①アンリ・ダヴァンソン（新倉俊一訳）『トゥルバドゥール——幻想の愛』筑摩書房、一九七二
②クリストファー・ドーソン（野口啓祐訳）『中世キリスト教と文化』新泉社、一九六九（とくに付I「浪漫主義の伝統の起源」）
③新倉俊一『ヨーロッパ中世人の世界』筑摩書房、一九八三
④芳賀徹他編『東西文明圏と文学』（講座比較文学6）東京大学出版会、一九七四（とくに前嶋信次「吟遊詩人とアラビア文化——アンダルシアとプロヴァンス」）

あとがき（原本）

本書は、一九八四年の六月十三日より七月二十五日まで、毎週水曜日の夜、七回にわたり行なわれた岩波市民セミナー「十二世紀ルネサンス」における私の講義をもととして出来上がったものです。想えば、はやそのときから八年の月日が流れています。講義終了後、すぐにテープを起して頂き、「岩波セミナーブックス」に収めるよう要請をうけていながら、手直し中にもう少し調べてみたいと思う気持がつのってきたこともあり、また何よりも私の生来の怠けぐせから、原稿の完成が大幅に遅れたことをここにお詫びしなければなりません。しかしその間いつも本書のことを気にかけながら、不十分と感じたところの調査研究をその後も進め、今ようやく上梓のときを迎えたことは欣びに堪えません。結果として当初の講義のときより、いくらかは改善されたものになりえているかと思います。しかし当時の語り口はそのまま残してあります。

ここで取り扱われた問題は、私が三十代で科学史の研究を志してより、一貫してとり組んできたメイン・テーマで、市民セミナーという性質から、なるべく平易で分りやすい表現をとるよう心がけましたが、本書は内容的にはかなり深く突込んだ、私の生涯の主著のひとつとなるべきものかと考えています。

こうした書物をまとめる機会を得ましたのは、ひとえに市民セミナーにお招き頂いた岩波書店のご好意によっており、とくにその仲立ちの役をつとめて下さった合庭惇さんのご厚情に負うています。ここに篤く感謝の意を表したく思います。

最後に、私の心からの謝意を、市民セミナー開催中もお世話下さり、またこの本をまとめる実際の労をとられた高木邦彦さんに捧げます。このような長い年月の間、忍耐強く進行状況を見守り、然るべきときにはやんわりと催促の電話を下さり、牛歩の私をなんとかここまで導いて下さいました。本書が陽の目をみるに至ったのは、まったく同氏の誠実なご協力のお蔭です。ここに深く御礼を申し上げて、筆を擱きます。

一九九二年八月十八日

晴朗なる浅間の頂きを仰いで

伊東俊太郎

解説

三浦伸夫

グローバル化のなかで文明の交流や接触は人類史において必然の成り行きである。そのような状況のもとで今日生じている西欧におけるムスリム移民の問題、イスラーム諸国における西洋化の問題、そしてさらに激しい衝突の数々の事件は危急の課題を我々に投げかけている。このイスラーム世界と西欧世界の初めての知的接触の現場を、原典に基づいてダイナミックに論じたのが本書である。

文明間の衝突の回避を考える場合、十二世紀というヨーロッパ文明が離陸する時期に知的エリートがイスラーム文明に立ち向かった態度から我々は学ぶべきことは多い。たとえば本書では、第二回十字軍を提唱したベルナールのような目前の問題にのみ関心を寄せた人物と、『コーラン』の翻訳を企図するという基礎研究重視の尊者ピエールとが対比されており、異文化である相手側を根本的に理解するための異なる学問的姿勢がみてとれよう。また、未だ大学がなく制度的基盤のない十二世紀にあって、翻訳者たちは知への飽くなき渇望によって翻訳を敢行した。それ自体は個人的な動機によるのかもしれないが、彼らが残した壮大な偉業のその後の知的影響に思いを馳せるとき、我々が今何をなすべきかを常に考えさせてくれる。

本書の著者は、偏見を捨て、なによりも原典を忠実に読み解き、そこから謙虚に学びとる方法を堅持している。文明や文化を比較する場合、ともすると二次文献に依存しがちになるが、著者はそれを戒め、手稿を含む第一次資料を自ら解読検討して独自の見解を展開している。

かつて私が大学院生時代、伊東先生の比較科学史演習に参加したときのことが思い出される。当時は毎年異なる言語で書かれた原典がテクストとして用いられ、それに先立ってその言語の入門講座が開かれていた。まずアラビア語で書かれたアル＝フワーリズミー『代数学』が、次いで古代エジプト語（ヒエログリフ）で書かれた『リンドパピルス』が取り上げられ、そのため初等文法から始まるそれらの予習復習に相当の時間を費やすことになったが、このうえもなく内容の濃い充実した演習であった。しかしその後、バビロニア数学を読むためのアッカド語の演習に私は音を上げてしまった。今そのことを返す返すも残念に思い後悔している。もちろんギリシア語（しかもホメロスの時代の古いギリシア語も含む）と、ラテン語のパレオグラフィー（古文書学）は我々古代中世科学史を学ぶ者には必須の科目であった。そのなかで、本書にも取り上げられているギリシア語から直接ラテン語に訳されたユークリッド『原論』のパレオグラフィーの演習はたいへん思い出の深いものである。辞書のない、また専門用語の未だ確立されていない時代に、一語一句正確にしかも語順さえも従おうとする十二世紀の翻訳者たちの苦労と学問に対する姿勢を想像しつつ、マイクロフィルムからおこした判読困難なほど薄くかすれた文字を、知識を総動員して解読できたときの感動。また先生は毎回必ず自らの解釈を周到に準備された上で演習に臨まれたこと。本書に述べられているように、伊東説とは結果の異なるマードック説を詳細に再検討したこと。そういったことが今でも鮮やかに思い出される。

さて、本書で述べられた中世ラテン世界のユークリッド『原論』の翻訳については、近年研究の進展が見られる。そのことを少し補足しておこう。

バースのアデラードによる『原論』の翻訳はかつてクラーゲットによって「アデラードⅠ」、「アデラードⅡ」、「アデラードⅢ」と三つに区別され、本書はその成果に基づいて記述されている。しかし最近の研究では次のように称されるようになっている。アデラードⅠはアデラード自身が訳したものなので「アデラード版」と呼ばれる。この「アデラード版」と「カリンティアのヘルマン版」をもとに新たに編集しなおした縮約版アデラードⅡは、シャルトル学派に関係し、年代などの状況証拠によってチェスターのロバートが編集したものと想定され、「チェスターのロバート版」と呼ばれる。さらにアデラードⅢはアデラードとは直接には関係がなく、既存の複数の『原論』から編集しなおしたものであるが、その文体がラテン語で書かれた『平面曲線について』にきわめて似ており、後者がタインマウスのジョンの著作であることがわかっているので、「タインマウスのジョン版」と呼ぶことができる。ただしこの人物に関してはそれ以外のことは不詳であり、またギリシア数学史家ノールはこの人物とロンドンのジョンとを同一視しているが、それについて研究者間の最終的一致はみられない。こうして最初の「アデラード版」のみは翻訳といえるが、後の二つは編集改訂版ということになる。いずれにせよ中世ユークリッド『原論』のラテン語訳には未だ不明な点があるものの、ほぼ全編にわたる翻訳としては、アラビア語から訳された「クレモナのゲラルド版」「カリンティアのヘルマン版」「バースのアデラード版」、そしてギリシア語からの直接訳である「サレルノのエルマンノ版」、少なくとも以上四種が存在するのである。

「十二世紀ルネサンス」という言葉は、今日では高等学校の教科書にも見られ、我々にはすでになじみの深いものになっている。その言葉を最初に明確に提唱したハスキンズは、西洋からの視点に立って、西洋における知的復興を主眼としていた。それ以降、日本語訳のあるヴェルジュ、ラスカムなど西洋学者による十二世紀ルネサンス論が、ほぼハスキンズの主張の延長線上に進み、それを教育制度、教会、芸術、経済などの分野で補完拡張していった。しかしそれに対して、本書は、西欧がアラビア文化に接し、その意識的導入によって十二世紀ルネサンスが成立したという、アラビアと西洋の双方を同時に視野に置きながらも、その一方向的な知的伝達の動態を文明史的、思想史的に論じたものである。この視点は本書の著者の独創であり、そのことが本書では科学から文学にいたるまで具体的な数々の事例によって見事に展開されている。本書がこのたび文庫本になって手軽に読めるようになったことはたいへん喜ばしいことである。そして本書はさらに海外にも広く紹介されてしかるべき作品であると思われる。

（神戸大学国際文化学部教授）

〈マ〉

〈ヤ〉

〈ナ〉

〈ハ〉

〈サ〉

〈タ〉

〈カ〉

人名・書名索引

〈ア〉

KODANSHA

本書の原本は、一九九三年、岩波書店より刊行されました。

伊東俊太郎（いとう　しゅんたろう）

1930年，東京に生まれる。東京大学文学部哲学科卒業。米国ウィスコンシン大学よりPh.D.（科学史）の学位を得る。東京大学教養学部教授を経て，現在東京大学名誉教授。日本比較文明学会名誉会長・国際比較文明学会終身名誉会長。主著に『文明における科学』『近代科学の源流』『比較文明』などがある。

講談社学術文庫

定価はカバーに表示してあります。

十二世紀《じゅうにせいき》ルネサンス

伊東俊太郎《いとうしゅんたろう》

2006年９月10日　第１刷発行
2023年６月27日　第９刷発行

発行者　鈴木章一
発行所　株式会社講談社
　　　　東京都文京区音羽 2-12-21 〒112-8001
　　　　電話　編集（03）5395-3512
　　　　　　　販売（03）5395-4415
　　　　　　　業務（03）5395-3615
装　幀　蟹江征治
印　刷　株式会社ＫＰＳプロダクツ
製　本　株式会社国宝社
本文データ制作　講談社デジタル製作

ISBN4-06-159780-9

「講談社学術文庫」の刊行に当たって

これは、学術をポケットに入れることをモットーとして生まれた文庫である。学術は少年の心を養い、成年の心を満たす。その学術がポケットにはいる形で、万人のものになることは、生涯教育をうたう現代の理想である。

こうした考え方は、学術を巨大な城のように見る世間の常識に反するかもしれない。また、一部の人たちからは、学術の権威をおとすものと非難されるかもしれない。しかし、それはいずれも学術の新しい在り方を解しないものといわざるをえない。

学術は、まず魔術への挑戦から始まった。やがて、いわゆる常識をつぎつぎに改めていった。学術の権威は、幾百年、幾千年にわたる、苦しい戦いの成果である。こうしてきずきあげられた城が、一見して近づきがたいものにうつるのは、そのためである。しかし、学術の権威を、その形の上だけで判断してはならない。その生成のあとをかえりみれば、その根は常に人々の生活の中にあった。学術が大きな力たりうるのはそのためであって、生活をはなれた学術は、どこにもない。

開かれた社会といわれる現代にとって、これはまったく自明である。生活と学術との間に、もし距離があるとすれば、何をおいてもこれを埋めねばならない。もしこの距離が形の上の迷信からきているとすれば、その迷信をうち破らねばならぬ。

学術文庫は、内外の迷信を打破し、学術のために新しい天地をひらく意図をもって生まれた。文庫という小さい形と、学術という壮大な城とが、完全に両立するためには、なおいくらかの時を必要とするであろう。しかし、学術をポケットにした社会が、人間の生活にとってより豊かな社会であることは、たしかである。そうした社会の実現のために、文庫の世界に新しいジャンルを加えることができれば幸いである。

一九七六年六月

野間省一

外国の歴史・地理

中国古代の文化
白川　静著

中国の古代文化の全体像を探る。斯界の碩学が中国の古代を、文化・民俗・社会・政治・思想の五部に分ち、日本の古代との比較文化論的な視野に立って、その諸問題を明らかにする画期的作業の第一部。

441

ガリア戦記
カエサル著／國原吉之助訳

ローマ軍を率いるカエサルが、前五八年以降、七年にわたりガリア征服を試みた戦闘の記録。当時のガリアとゲルマニアの事情を知る上に必読の歴史的記録として有名。カエサルの手になるローマ軍のガリア遠征記。

1127

十字軍騎士団
橋口倫介著

秘密結社的な神秘性を持ち二百年後に悲劇的結末を迎えたテンプル騎士団、強大な海軍力で現代まで存続した聖ヨハネ騎士団等、十字軍遠征の中核となった修道騎士団の興亡を十字軍研究の権威が綴る騎士団の歴史。

1129

内乱記
カエサル著／國原吉之助訳

英雄カエサルによるローマ統一の戦いの記録。前四九年、ルビコン川を渡ったカエサルは地中海を股にかけ政敵ポンペイユスと戦う。あらゆる困難を克服し勝利するまでを迫真の名文で綴る。ガリア戦記と並ぶ名著。

1234

秦漢帝国　中国古代帝国の興亡
西嶋定生著

中国史上初の統一国家、秦と漢の四百年史。始皇帝が初めて中国全土を統一した紀元前三世紀から後漢末までを兵馬俑の全貌も盛り込み詳述。皇帝制度と儒教を軸に劉邦、項羽など英雄と庶民の歴史を泰斗が説く。

1273

隋唐帝国
布目潮渢《ちょうふう》・栗原益男著

三百年も東アジアに君臨した隋唐の興亡史。律令制の確立で日本や朝鮮の古代国家に多大な影響を与えた隋唐帝国。則天武后の専制や玄宗と楊貴妃の悲恋など、波乱に満ちた世界帝国の実像を精緻に論述した力作。

1300

モンゴルと大明帝国
愛宕《おたぎ》松男・寺田隆信著
征服王朝の元の出現と漢民族国家・明の盛衰。チンギス＝カーンによるモンゴル帝国建設とそれに続く元の中国支配から明の建国と滅亡までを論述。耶律楚材の改革、帝位簒奪者の永楽帝による遠征も興味深く説く。
1317

朝鮮紀行 英国婦人の見た李朝末期
イザベラ・バード著／時岡敬子訳
百年まえの朝鮮の実情を忠実に伝える名紀行。英人女性イザベラ・バードによる四度にわたる朝鮮旅行の記録。国際情勢に翻弄される十九世紀末の朝鮮とその風土、伝統的文化、習俗等を活写。絵や写真も多数収録。
1340

アウシュヴィッツ収容所
ルドルフ・ヘス著／片岡啓治訳（解説・芝　健介）
大量虐殺の責任者R・ヘスの驚くべき手記。強制収容所の建設、大量虐殺の執行の任に当ったヘスは職務に忠実な教養人で良き父・夫でもあった。彼はなぜ凄惨な殺戮に手を染めたのか。本人の淡々と語る真実。
1393

古代中国 原始・殷周・春秋戦国
貝塚茂樹・伊藤道治著
北京原人から中国古代思想の黄金期への歩み。原始時代に始まり諸子百家が輩出した春秋戦国期に到る悠遠な時間の中で形成された、後の中国を基礎づける独自の文明。最新の考古学の成果が書き換える古代中国像。
1419

中国通史 問題史としてみる
堀　敏一著
歴史の中の問題点が分かる独自の中国通史。中国の歴史をみる上で、何が大事で、どういう点が問題になるのか。書く人の問題意識が伝わることに意を注ぎ古代から現代までの中国史の全体像を描き出した意欲作。
1432

コーヒー・ハウス 18世紀ロンドン、都市の生活史
小林章夫著
珈琲の香りに包まれた近代英国の喧噪と活気。十七世紀半ばから一世紀余にわたりイギリスの政治や社会、文化に多大な影響を与えた情報基地。その歴史を通し、爛熟する都市・ロンドンの姿と市民生活を活写する。
1451

古代インド
中村　元著

モヘンジョ・ダロの高度な都市計画から華麗なグプタ文化まで。苛酷な風土と東西文化の混淆が古代文明を育んだ。古代インドの生活と思想と、そこに展開された原始仏教の誕生と変遷を、仏教学の泰斗が活写する。

1674

古代朝鮮
井上秀雄著（解説・鄭早苗）

中国・日本との軋轢と協調を背景に、古代の朝鮮は統一へとその歩を進めた。旧石器時代から統一新羅の滅亡まで、政治・社会・文化を包括し総合的に描き、朝鮮半島の古代を鮮やかに再現する朝鮮史研究の傑作。

1678

五代と宋の興亡
周藤吉之《すどうよしゆき》・中嶋　敏著

唐末の動乱から宋の統一と滅亡への四百年史。五代十国の混乱を経て宋が中国を統一するが、財政改革を巡る抗争の中、金軍入寇で江南へ逃れ両朝並立。都市が栄える一方、モンゴル勃興で滅亡に至る歴史を辿る。

1679

中世ヨーロッパの城の生活
J・ギース、F・ギース著／栗原　泉訳

中世英国における封建社会と人々の暮らし。時代は十一世紀から十四世紀、ノルマン征服を経て急速に封建化が進む中、城を中心に、人々はどのような暮らしを営んでいたのか。西欧中世の生活実態が再現される。

1712

ハンニバル　地中海世界の覇権をかけて
長谷川博隆著

大国ローマと戦ったカルタゴの英雄の生涯。地中海世界の覇権をかけて激突した古代ローマとカルタゴ。大国ローマを屈服寸前まで追いつめたカルタゴの将軍ハンニバルの天才的な戦略と悲劇的な生涯を描く。

1720

中世ヨーロッパの歴史
堀越孝一著

ヨーロッパとは何か。その成立にキリスト教が果たした役割とは？　地中海古代社会から森林と原野の内陸部へ展開、多様な文化融合がもたらしたヨーロッパ世界の形成過程を「中世人」の眼でいきいきと描きだす。

1763

外国の歴史・地理

J・ギース、F・ギース著／青島淑子訳
中世ヨーロッパの都市の生活
一二五〇年、トロワ。年に二度、シャンパーニュ大市が開催され、活況を呈する町を舞台に、ヨーロッパの人々の暮らしを逸話を交え、立体的に再現する。活気に満ち繁栄した中世都市の実像を生き生きと描く。

1776

伊東俊太郎著（解説・三浦伸夫）
十二世紀ルネサンス
中世の真っ只中、閉ざされた一文化圏であったヨーロッパが突如として「離陸」を開始する十二世紀。多くの書がラテン訳され充実する知的基盤。先進的アラビアに接し文明形態を一新していく歴史の動態を探る。

1780

岡田英弘・神田信夫・松村　潤著
紫禁城の栄光　明・清全史
十四～十九世紀、東アジアに君臨した二つの帝国。遊牧帝国と農耕帝国の合体が生んだ巨大な多民族国家・中国。政治改革、広範な交易網、度重なる戦争……。シナが中国へと発展する四百五十年の歴史を活写する。

1784

岩村　忍著
文明の十字路＝中央アジアの歴史
ヨーロッパ、インド、中国、中東の文明圏の間に生きた中央アジアの民。東から絹を西から黄金を運んだシルクロード。世界の屋根に分断されたトルキスタン。草原の民とオアシスの民がくり広げた壮大な歴史とは？

1803

井上浩一著
生き残った帝国ビザンティン
興亡を繰り返すヨーロッパとアジアの境界、「文明の十字路」にあって、なぜ一千年以上も存続しえたか。皇帝・貴族・知識人は変化にどう対応したか。ローマ皇帝の改宗から帝都陥落まで「奇跡の一千年」を活写。

1866

M・ブラッグ著／三川基好訳
英語の冒険
英語はどこから来てどのように世界一五億人の言語となったのか。一五〇〇年前、一五万人の話者しかいなかった英語の祖先は絶滅の危機を越えイングランドの言葉から「共通語」へと大発展。その波瀾万丈の歴史。

1869

《講談社学術文庫　既刊より》

ウィリアム・H・マクニール著／清水廣一郎訳
ヴェネツィア 東西ヨーロッパのかなめ　1081～1797

ベストセラー『世界史』の著者のもうひとつの代表作。十字軍の時代からナポレオンによる崩壊まで、軍事・造船・行政の技術や商業資本の蓄積に着目し、地中海最強の都市国家の盛衰と、文化の相互作用を描き出す。

2192

パット・バー著／小野崎晶裕訳
イザベラ・バード 旅に生きた英国婦人

日本、チベット、ペルシア、モロッコ……。外国人が足を運ばなかった未開の奥地まで旅した十九世紀後半の最も著名なイギリス人女性旅行家。その幼少期から異国での苦闘、晩婚後の報われぬ日々まで激動の生涯。

2200

南川高志著
ローマ五賢帝「輝ける世紀」の虚像と実像

賢帝ハドリアヌスは、同時代の人々には恐るべき「暴君」だった！「人類が最も幸福だった」とされるローマ帝国最盛期は、激しい権力抗争の時代でもあった。平和と安定の陰に隠された暗闘を史料から解き明かす。

2215

川北　稔著
イギリス　繁栄のあとさき

今日英国から学ぶべきは、衰退の中身である――。産業革命を支えたカリブ海の砂糖プランテーション。資本主義を担ったジェントルマンの非合理性……。世界システム論を日本に紹介した碩学が解く大英帝国史。

2224

本村凌二著
愛欲のローマ史 変貌する社会の底流

カエサルは妻に愛をささやいたか？　古代ローマ人の愛と性のかたちを描き、その内なる心性と歴史の深層をとらえる社会史の試み。性愛と家族をめぐる意識の変化は、やがてキリスト教大発展の土壌を築いていく。

2235

笈川博一著
古代エジプト 失われた世界の解読

二七〇〇年余り、三十一王朝の歴史を繙く。ヒエログリフ（神聖文字）などの古代文字を読み解き、『死者の書』から行政文書まで、資料を駆使して、宗教、死生観、言語と文字、文化を概観する。概説書の決定版！

2255

篠田雄次郎著
テンプル騎士団

騎士にして修道士。東西交流の媒介者。王家をも経済的に支える財務機関。国民国家や軍隊、多国籍企業の源流として後世に影響を与えた最大・最強・最富の軍事的修道会の謎と実像に文化社会学の視点から迫る。

2271

ロベール・ド・ボロン著／横山安由美訳・解説
西洋中世奇譚集成　魔術師マーリン

神から未来の知を、悪魔から過去の知を授かった神童マーリン。やがてその力をもって彼はブリテンの王家三代を動かし、ついにはアーサーを戴冠へと導く。波乱万丈の物語にして中世ロマンの金字塔、本邦初訳！

2304

橋場　弦著
民主主義の源流　古代アテネの実験

民主政とはひとつの生活様式だった。時に理想視され、時に衆愚政として否定された「参加と責任のシステム」の実態を描く。史上初めて「民主主義」を生んだ古代アテナイの人びとの壮大な実験と試行錯誤が胸をうつ。

2345

森谷公俊著
興亡の世界史　アレクサンドロスの征服と神話

奇跡の大帝国を築いた大王の野望と遺産。一〇年でギリシアとペルシアにまたがる版図を実現できたのはなぜか。どうして死後に帝国がすぐ分裂したのか。栄光と挫折の生涯から、ヘレニズム世界の歴史を問い直す。

2350

森安孝夫著
興亡の世界史　シルクロードと唐帝国

従来のシルクロード観を覆し、われわれの歴史意識をゆさぶる話題作。突厥、ウイグル、チベットなど諸民族の入り乱れる舞台で大役を演じて姿を消した「ソグド人」とは何者か。唐は本当に漢民族の王朝なのか。

2351

杉山正明著
興亡の世界史　モンゴル帝国と長いその後

チンギス家の「血の権威」、超域帝国の残影はユーラシア各地に継承され、二〇世紀にいたるまで各地に息づいていた！「モンゴル時代」を人類史上最大の画期とする、日本から発信する「新たな世界史像」を提示。

2352

宗教

鎌田茂雄著
仏陀の観《み》たもの
仏教は一体どんな宗教であり、どういう教えを説いてきたのだろうか。本書は難解な仏教の世界をその基本構造から説き起こし、仏教の今日的な存在意義を明らかにする。只今を生きる人のための仏教入門書。

174

増谷《ますたに》文雄《ふみお》著
釈尊のさとり
長年に亘って釈尊の本当の姿を求めつづけた著者は、ついに釈尊の菩提樹下の大覚成就、すなわち「さとり」こそ直観であったという結論を導き出した。釈尊の真実の姿を説き明かした仏教入門の白眉の書。

344

鎌田茂雄著
禅とはなにか
禅に関心をよせる人は多い。だが、禅を理解することは難しい。本書は、著者自らの禅修行の体験を踏まえ、禅の思想や禅者の生き方、また禅を現代にどう生かすか等々、禅の全てについて分りやすく説く。

409

梅原　猛著（解説・宮坂宥勝）
空海の思想について
「大師は空海にとられ」といわれるように、宗派を越え、一般庶民大衆に尊崇されてきた空海であったが、その思想は難解さの故に敬遠されてきた。本書はその空海の思想に真向から肉薄した意欲作である。

460

高橋保行著
ギリシャ正教
今なおキリスト教本来の伝統を保持しているギリシャ正教。その全貌が初めて明らかにされるとともに、キリスト教は西洋のものとする通念を排し、西洋のキリスト教とその文化の源泉をも問い直す注目の書。

500

内村鑑三著（解説・山本七平）
キリスト教問答
近代日本を代表するキリスト教思想家内村鑑三が、信仰と人生を語る名著。「来世は有るや無きや」などキリスト教の八つの基本問題に対して、はぎれよく簡明に答えるとともに、人生の指針を与えてくれる。

531

頼富本宏著
密教とマンダラ

真言・天台という日本の密教を世界の仏教史のなかに位置づけ、その歴史や教義の概要を紹介。胎蔵界・金剛界の両界マンダラを中心に、その種類や構造、思想、登場するほとけたちとその役割について平易に解説。

2229

大貫　隆訳・著
グノーシスの神話

「悪は何処からきたのか」という難問をキリスト教会に突き付け、あらゆる領域に「裏の文化」として影響を及ぼした史上最大の異端思想のエッセンス。ナグ・ハマディ文書、マンダ教、マニ教の主要な断章を解読。

2233

大谷哲夫全訳注
道元「永平広録　真賛・自賛・偈頌《げじゅ》」

禅者は詩作者でもあった。道元の主著として『正法眼蔵』と並ぶ『永平広録』の掉尾を飾る最終巻。道元が漢詩に詠んださとりの深奥を簡明に解説し、禅の思想と世界を追体験する。『永平広録』訳注シリーズ完結。

2241

河口慧海著／高山龍三校訂
チベット旅行記（上）（下）

仏典を求めて、厳重な鎖国下のチベットに、困難を乗り越えて、単身入国・帰国を果たした河口慧海。最高の旅行記にして、生活・風俗・習慣の記録として、チベット研究の第一級の資料。五巻本を二巻本に再編成。

2278・2279

竹村牧男著
日本仏教　思想のあゆみ

聖徳太子、南都六宗、最澄・空海、そして鎌倉新仏教。インド以来の仏教史の到達点である日本仏教の高度な思想はいかに生まれたか。各宗派祖師の思想の概略を平易に解説し、日本人のものの見方の特質を描き出す。

2285

荒牧典俊・本庄良文・榎本文雄訳
スッタニパータ［釈尊のことば］全現代語訳

かくしてひとり離れて修行し歩くがよい、あたかも一角の犀そっくりになって――。現代語で読む最古層の原始仏典。師の教えに導かれた弟子たちが簡素な生活の中で修行に励み、解脱への道を歩む姿がよみがえる。

2289

速水 侑著
菩薩 由来と信仰の歴史

観音、弥勒、地蔵、文殊、日光・月光。「悟りを求める人」はさまざまな姿で現れる。各尊の成り立ちとご利益、日本への伝来と信仰の歴史を、写真や図版をまじえて解説する仏教学入門。仏像拝観の手引きにも。

2583

稲垣良典著
トマス・アクィナス『神学大全』

神とは何か。創造とは、悪とは、そして人間の幸福とは？ キリスト教の根源にトマスはいかに挑んだか。「ひとりの修道者としてのトマス」による「一冊の書物」として、斯界の第一人者が読む『大全』の核心。

2591

トマス・ア・ケンピス著／呉 茂一・永野藤夫訳
イミタチオ・クリスティ キリストにならいて

十五世紀の修道士が著した本書は、『聖書』について多くの読者を獲得したと言われる。読み易く的確な論しに満ちた文章が、悩み多き我々に安らぎを与え深い瞑想へと誘う。温かくまた厳しい言葉の数々。

2596

木内堯央著（解説・木内堯大）
最澄と天台教団

律令国家の中で機能する仏教のあり方を追究した最澄の生涯と、円仁、円珍をはじめ、良源、源信、天海ら高僧を輩出して国教的な地位を占め、日本仏教の母胎となった天台教団の歴史。日蓮も、道元も、ここで学んだ。

2609

廣岡正久著
ロシア正教の千年

モスクワを第三のローマに！ 弾圧に耐え、権力と対峙しながら人々の精神的支柱となってきたロシア正教会の歴史を、政治と社会の流れの中で捉えた労作。ツァーリ専制の時代から、プーチンとの蜜月まで。

2617

鎌田茂雄著
朝鮮仏教史

東アジア仏教圏に属しながら、中国とも日本とも異なる独自の仏教文化を持つ朝鮮半島。高句麗・新羅・百済三国時代の伝播から、高麗、李朝、そして現代に至る仏教の歴史的展開を総覧する。

2624